高校入試

まとめ上手

英語

Grammar	Test	Conversation	Check

受験研究社

本書の特色としくみ

　この本は，中学英語の重要事項を豊富な図や表，補足説明を使って
わかりやすくまとめたものです。要点がひと目でわかるので，定期テ
ストや高校入試対策に必携の本です。

重要度

重要度を★，★★，★★★の
３段階で示しています。

例文と訳例

暗唱にも適する基本的な例文
をとりあげています。

ポイント解説

もっとも大切なポイントをひ
と目で理解できるように，図
解・表解を中心に簡潔に解説
しています。

各項目の内容を理解したかど
うかを確かめるミニテストで
す。解答は各ページの下部に
のせています。

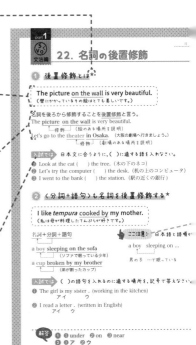

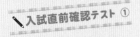

単元のまとまりごとに設け，記述式問
題 記 にも一部対応。ページ下部にヒ
ントと解答をのせています。

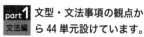

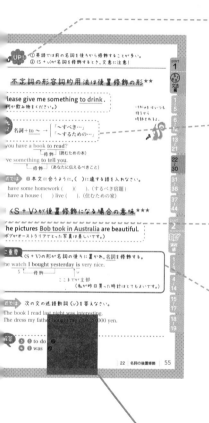

得点 UP!

テストの得点をアップさせる
秘訣をまとめています。

これ
暗記

必ずセットで覚えておきたい
事項をまとめています。

ここ注意!

入試でよく問われる事項です。

ここ重要

特に重要なポイントをまとめ
ています。

消えるフィルターで
赤文字が消えます。

3

もくじ

本書の特色としくみ ………………………………………………………………… 2

もくじ ……………………………………………………………………………………… 4

part1 文法編

1 be動詞・進行形・一般動詞 …… 6

2 いろいろな文 ……………………… 8

3 助動詞 ① …………………………… 10

4 助動詞 ② …………………………… 12

5 助動詞 ③ …………………………… 14

入試直前確認テスト ① …………… 16

6 不定詞 ① …………………………… 18

7 不定詞 ② …………………………… 20

8 不定詞 ③ …………………………… 22

9 不定詞 ④ …………………………… 24

10 原形不定詞 ………………………… 26

11 動名詞 ① …………………………… 28

12 動名詞 ② …………………………… 30

入試直前確認テスト ② …………… 32

13 比較 ① ……………………………… 34

14 比較 ② ……………………………… 36

15 受動態(受け身) ① ……………… 38

16 受動態(受け身) ② ……………… 40

17 現在完了 ① ………………………… 42

18 現在完了 ② ………………………… 44

19 現在完了 ③ ………………………… 46

20 現在完了 ④ ………………………… 48

21 現在完了 ⑤ ………………………… 50

入試直前確認テスト ③ …………… 52

22 名詞の後置修飾 …………………… 54

23 関係代名詞 ① ……………………… 56

24 関係代名詞 ② ……………………… 58

25 関係代名詞 ③ ……………………… 60

26 関係代名詞 ④ ……………………… 62

27 分詞 ① ……………………………… 64

28 分詞 ② ……………………………… 66

29 分詞 ③ ……………………………… 68

30 仮定法 ……………………………… 70

入試直前確認テスト ④ …………… 72

31 文型 ① ……………………………… 74

32 文型 ② ……………………………… 76

33 文型 ③ ……………………………… 78

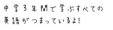

中学3年間で学ぶすべての
英語がつまっているよ!

実戦編では実力が試される
設問が入っているよ。

34 時制の一致 ················· 80

35 間接疑問 ① ················· 82

36 間接疑問 ② ················· 84

　　入試直前確認テスト ⑤ ··········· 86

37 接続詞 ① ················· 88

38 接続詞 ② ················· 90

39 接続詞 ③ ················· 92

40 接続詞 ④ ················· 94

41 前置詞 ① ················· 96

42 前置詞 ② ················· 98

43 否定語 ① ················· 100

44 否定語 ② ················· 102

　　入試直前確認テスト ⑥ ··········· 104

part2　実戦編

1 発音・アクセント ············· 106

2 会話表現 ① ··············· 108

3 会話表現 ② ··············· 110

4 be動詞・進行形・一般動詞 ···· 112

5 助動詞 ················· 114

6 不定詞・原形不定詞 ··········· 116

7 動名詞 ················· 118

8 比較 ················· 120

9 受動態(受け身) ············· 122

10 現在完了・現在完了進行形 ····· 124

11 関係代名詞 ··············· 126

12 分　詞 ················· 128

13 間接疑問・接続詞・否定語 ···· 130

14 仮定法 ················· 132

15 イディオム ① ··············· 134

16 イディオム ② ··············· 136

17 イディオム ③ ··············· 138

18 語形変化 ① ··············· 140

19 語形変化 ② ··············· 142

語形変化は全部暗記する
ぐらい繰り返しやろう!

1. be 動詞・進行形・一般動詞

❶ be 動詞を使った文 ★★

> **Mike is a tennis player.** （マイクはテニスプレイヤーです。）
> **Mike was a tennis player.** （マイクはテニスプレイヤーでした。）

<u>Mike is</u>　　 a tennis player.
主語 現在形
<u>Mike was</u>　　 a tennis player.
主語 過去形

これ暗記

主語	→	be動詞
I	→	am, was
you, 複数	→	are, were
I, you 以外の単数	→	is, was

入試では 次の（　）に適する be 動詞を入れなさい。

❶ Tom and Bob (　　) in Fukuoka now.
❷ My brother (　　) in the library yesterday afternoon.

❷ 進行形の文 ★★

> **Andy is practicing tennis now.**
> （アンディは今，テニスを練習しています。）

疑問文は be 動詞を
主語の前に置くよ。

Andy <u>is practicing</u> tennis now.
　　　現在進行形→〈am, are, is ＋動詞の 〜ing 形〉
Andy **was** <u>practicing</u> tennis then.
　　　過去進行形→〈was, were ＋動詞の 〜ing 形〉

ここ重要

●現在進行形「〜している」→〈be 動詞の現在形＋動詞の〜 ing 形〉
●過去進行形「〜していた」→〈be 動詞の過去形＋動詞の〜 ing 形〉

入試では 次の（　）の語を適する形にかえなさい。

❶ They are (run) around their school.
❷ I was (make) a cake then.

解答
❶ ❶ are　❷ was
❷ ❶ running　❷ making

得点 UP! ① be 動詞の使い分けは主語と時を表す語句に注意しよう。
② 一般動詞は形が不規則に変化する動詞に注意しよう。

③ 一般動詞の現在形 ★★

> **I live in New York.**
> （私はニューヨークに住んでいます。）

I と you 以外の単数を 3 人称単数と言うよ。

I live in New York.
主語 └─現在形（原形）

She lives in New York.
主語 └─主語が 3 人称→live+s

☞ ここ注意！ have は主語が 3 人称単数で現在のとき has になる。

入試では 次の（ ）の語を適する形にかえなさい。

❶ He (walk) to school every day.
❷ Yuki likes English and (study) it hard.
❸ My sister (have) toast for breakfast every morning.

④ 一般動詞の過去形 ★★

> **Judy cleaned her room yesterday.**
> （ジュディーは昨日部屋を掃除しました。）

Judy cleaned her room yesterday.
└─規則動詞 cleaned

She bought the bag last week. （彼女は先週, そのかばんを買いました。）
└─不規則動詞 buy → bought

入試では 次の（ ）から適する語を選びなさい。

❶ He (help, helped) his mother yesterday.
❷ I (go, goes, went) to bed at eleven last night.

 解答 ③ ❶ walks ❷ studies ❸ has
④ ❶ helped ❷ went

part 1
S V O C
文法編

1~5
6~12
13~21
22~30
31~36
37~44

part 2
実戦編

1~3
4~14
15~17
18~19

2. いろいろな文

月　　　日

① 命令文 ★★

> **Open the door.**
> （ドアを開けなさい。）

動詞の原形〜．「〜しなさい」
Open the box. （その箱を開けなさい。）
Don't＋動詞の原形〜．「〜しないで」
Don't touch this picture. （この絵にさわらないで。）
Let's＋動詞の原形〜．「〜しましょう」
Let's play tennis. （テニスをしましょう。）

> **ここ重要**
> 命令文は動詞の
> 原形で文を始め
> る。

入試では 次の（　）から適する語を選びなさい。

❶ (Are,　Be) careful.
❷ Jane, (don't,　doesn't) walk fast.

② look，become などを使った文 ★★

> **That building looks old.**
> （あの建物は古く見えます。）

<u>look</u>＋形容詞　「〜に見える」
<u>sound</u>＋形容詞「〜に聞こえる」
<u>become</u>＋名詞（形容詞）「〜になる」
My sister became a nurse. （私の姉〔妹〕は看護師になりました。）
　　　　　become の過去形　　名詞

入試では 日本文に合うように，（　）に適する語を入れなさい。

❶ Mary (　　) very sad.
　（メアリーはとても悲しそうでした。）
❷ Mike will (　　) a good teacher.
　（マイクはよい先生になるでしょう。）

> この文では形容詞や
> 名詞が主語の説明
> をするよ。

解答 ① ❶ Be　❷ don't
　　　 ② ❶ looked　❷ become〔be〕

得点 **UP!**
① 命令文では動詞の原形を用いる。
② There に続く is[are] はあとにくる名詞の数で使い分ける。

③ 目的語が2つある文 ★★

> **Bob showed me his new camera.**
> （ボブは私に彼の新しいカメラを見せてくれました。）

show ＋名詞〔代名詞〕＋名詞「～に…を見せる」
give ＋名詞〔代名詞〕＋名詞「～に…を与える」
teach＋名詞〔代名詞〕＋名詞「～に…を教える」
tell ＋名詞〔代名詞〕＋名詞「～に…を話す〔教える〕」

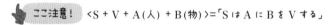 **ここ注意！** <S＋V＋A(人)＋B(物)>＝「S は A に B を V する」

入試では 次の( )内の語を並べかえなさい。

❶ I showed (notebook, her, my).
❷ Ms. Smith (us, teaches, English).

④ There is ～. の文 ★★

> **There is a tall tree by the house.**
> （その家のそばには高い木があります。）

There is a tall tree by the house.
　　　　　　　単数形
There are some tall trees by the house.
　　　　　　　　　　　複数形

 過去の文では
was, were を使うよ。

入試では 次の( )から適する語を選びなさい。

❶ There (is, are) many students in the park.
❷ There (is, was, were) an old dog in the park yesterday.
❸ There (is, are) some water in the glass.

解答 ③ ❶ her my notebook ❷ teaches us English
④ ❶ are ❷ was ❸ is

3. 助動詞 ①

❶ 〈will ＋動詞の原形〉「～するつもりだ，～だろう」★★

> **I will go to England next week.**
> （私は来週イギリスに行くつもりです。）

I will go to England next week.
〈will ＋動詞の原形〉

Will it be sunny?　（晴れるでしょうか。）
will を主語の前に置く。

ここ重要 will は未来を表す助動詞でそのあと動詞はいつも原形。

入試では 次の（　）から適する語を選びなさい。
❶ We (don't, will) visit our teacher next Saturday.
❷ My sister will (cook, cooks) lunch for us.

❷ 〈be 動詞＋ going to ＋動詞の原形〉「～するつもりだ」★★

> **I am going to get up early tomorrow.**
> （私は明日，早起きするつもりです。）

I am going to get up early tomorrow.
〈be 動詞＋ going to ＋動詞の原形〉

Mike is going to eat sushi for dinner.
〈be 動詞＋ going to ＋動詞の原形〉
（マイクは夕食にすしを食べるつもりです。）

to のあとの動詞は
原形だよ。

入試では 次の（　）から適する語（句）を選びなさい。
❶ I (will, am going) to do my homework.
❷ (Do, Are, Did) you going to use this computer?

 解答 ❶ ❶ will ❷ cook　　❷ ❶ am going ❷ Are

得点 UP! ① I will → I'll, we will → we'll などの短縮形も覚えておこう。
② 助動詞のあとの動詞の形に注意しよう。

③ must / can / may を使った文 ★★

> **I must clean my room today.**
> （私は今日，自分の部屋を掃除しなければなりません。）

must＋動詞の原形 「〜しなければならない」
can ＋動詞の原形 「〜することができる」
may ＋動詞の原形 「〜してもよい」「〜かもしれない」

主語が何であっても
助動詞の形は
変わらない！

ここ重要　助動詞のあとの動詞はいつも原形。

入試では　次の（　）から適する語を選びなさい。

❶ My brother must (study, studies) English hard.
❷ Kate (is, can) speak Chinese.

④ May I ～? / Shall I ～? などの文 ★★

> **May I read this book?**
> （この本を読んでもいいですか。）

May〔Can〕I ～?　　「〜してもいいですか」
Will〔Can〕you ～?「〜してくれませんか」
Shall I ～?　　　「〜しましょうか」
Shall we ～?「〜しませんか」

ここ注意！　Shall we ～? は相手を誘うときに使う。

入試では　日本文に合うように，（　）に適する語を入れなさい。

❶ May (　) come in?（入ってもいいですか。）
❷ (　) we play basketball?
（バスケットボールをしませんか。）

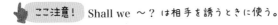

　③ ❶ study ❷ can　④ ❶ I ❷ Shall

4. 助動詞 ②

月　　日

1 should の用法 ★★

> **We should read many books.**
> （私たちはたくさんの本を読むべきです。）

should は「～すべきである」の意味で，義務を表す。

　　　　　　　　←—原形
You should be careful.
（君は気をつけるべきです。）

> **ここ重要**
> S + should + 動詞の原形

　　　　　　　　　　　←—原形
We shouldn't〔should not〕cut the tree.
（その木を切るべきではありません。）

入試では▶ 次の（　）から適する語（句）を選びなさい。

❶ He should (cleans, clean) the kitchen.
❷ We (should not, not should) waste water.

2 should と〈疑問詞 + to ～〉の関係 ★★

> **I don't know what I should say.**
> （私は何と言えばよいのか分かりません。）

☞ ここ注意！ 〈疑問詞 + to ～〉の文は，should を用いて書きかえられる。

┌ I know where to go.
└→ I know where I should go.
　　　　　　　　└——主語が必要。
（私はどこへ行くべきか知っています。）

入試では▶ 日本文に合うように，2 通りの文をつくりなさい。

私はいつ出発したらよいのか分かりません。
❶ I don't know (　　) (　　) start.
❷ I don't know (　　) (　　) (　　) start.

- -
解答 ❶ ❶ clean　❷ should not
　　　　❷ ❶ when to　❷ when I should

得点 UP!
① should は shall の過去形だが、現在の文で用いる。
② would をふくむ連語も現在の意味を表す。

③ would の用法 (1)★★

I would like to see my friend in Hawaii.
(私はハワイの友達に会いたいです。)

これ暗記 would like to 〜 で「〜したい」,〈would like ＋名詞〉で「〜がほしい」の意味である。

I would like to go to Paris. (パリへ行きたいです。)
└──want to よりもていねい。
I'd like a cup of tea. (お茶が1杯ほしいです。)
└── I would の短縮形

入試では▶ 日本文に合うように,( )に適する語を入れなさい。
❶ I would ( ) ( ) eat *sushi*. (私はすしが食べたいです。)
❷ I ( ) ( ) a glass of water. (私は水が1杯ほしいです。)

④ would の用法 (2)★★

Would you tell me the way to the station?
(駅へ行く道を教えてくださいませんか。)

Would you 〜? は「〜してくださいませんか」と相手に依頼する表現。
Will you 〜? よりもていねいな言い方。

Would you open the window?
(窓を開けてくださいませんか。)
── Sure. (いいですよ。)

答えかたも覚えておこう!

入試では▶ 次の( )から適する語を選びなさい。
❶ (Do, Would) you close the door? ── Sure.
❷ Would you (like, tell) me the way to the post office?
❸ (Would, Should) you wait for a few minutes? ── OK.

解答
③ ❶ like to ❷ would like
④ ❶ Would ❷ tell ❸ Would

5. 助動詞 ③

① have to の意味と用法 ★★

> **I have to wash the dishes.**
> （私は皿を洗わなければなりません。）

ここ重要 have to「～しなければならない」は、<u>must</u> と同じ意味を表す。
主語が3人称単数のときは <u>has to</u> を使う。

He has to help me.
3人称単数 ← must と同じ意味

●発音に注意

have to→〔hǽftə〕
has to→〔hǽstə〕

疑問文 Does he have to help me?

入試では 同じ意味を表す文に書きかえなさい。

❶ I must work. ⟶ I (　　) (　　) work.
❷ Must I finish my homework?
⟶ (　　) I (　　) (　　) finish my homework?

② don't have to と must not の意味のちがい ★★

> **You don't have to pay the money.**
> （君はお金を払わなくてもよいです。）

これ暗記 don't have to ～は「～しなくてもよい」の意味である。

You **don't have to** clean the room.
（部屋を掃除しなくてもよいです。）← 不必要
You **mustn't** clean the room.
（部屋を掃除してはいけません。）← 禁止

must not〔mustn't〕～
「～してはいけない」

入試では 日本文に合うように、（　）に適する語を入れなさい。

"(　　) I wash the car?"（車を洗わなければなりませんか。）
"No, you (　　) (　　) (　　) wash it."（いいえ，洗わなくてよいです。）

解答 ① ❶ have to ❷ Do, have to
② Must / don't have to

得点UP!
① 助動詞のはたらきをする連語のあとの動詞は原形。
② don't have to は〈不必要〉，must not は〈禁止〉。

part
1
(S)(c)(V)(o)
文法編

1〜5
6〜12
13〜21
22〜30
31〜36
37〜44

part
2
実戦編
1〜3
4〜14
15〜17
18〜19

③ had better の意味 ★★

> **You had better stay home.**
> （君は家にいたほうがよい。）

〈had better ＋動詞の原形〉で「〜したほうがよい」の意味。
had を用いるが had better で現在の意味を表す。
You had better go to bed at once.
　　　　　　　└─ 原形

入試では 下線部を短縮形を用いない形にしなさい。

❶ You'd better hurry.
❷ I'd like to visit New York.
❸ We promised that we'd meet her here.

④ 助動詞の過去形，未来形のまとめ ★★

> **He will have to take care of the baby.**
> （彼はその赤ちゃんの世話をしなければならないだろう。）

助動詞	過去形	未来形
can = be able to	could = was〔were〕able to	will be able to
must = have〔has〕to	had to	will have to

ここ注意! 助動詞が 2 つ続くことはない。
~~will can~~　　~~will must~~

入試では 次の文を指示通り書きかえなさい。

❶ I must run.（過去形に）── I (　　) (　　) run.
❷ He can use the computer.（未来形に）
　── He (　　) (　　) (　　) (　　) use the computer.

 解答
③ ❶ You had ❷ I would ❸ we would
④ ❶ had to ❷ will be able to

入試直前確認テスト ①

1 日本文に合うように，（ ）に適する語を入れなさい。

□ ❶ 彼はとても幸せそうでした。

He ( ) very happy.

□ ❷ あなたは今日，夕飯を作らなくてもよいです。

You ( ) ( ) to cook dinner today.

□ ❸ 午後4時にあなたに電話をしてもいいですか。

( ) ( ) call you at 4 p.m.?

□ ❹ 彼らはそのとき，テレビを見ていました。

They ( ) ( ) TV then.

□ ❺ 彼女は英語を一生懸命に勉強するべきです。

She ( ) ( ) English hard.

2 （ ）内の指示にしたがって書きかえなさい。

□ ❻ My sister plays the piano. (「〜できる」という意味の文に)

_____.

□ ❼ She has to clean her room today. (助動詞を使ってほぼ同じ意味の文に)

_____.

□ ❽ Will you open the window? (よりていねいな言い方に)

_____?

------------------- ヒント -------------------

❶「とても幸せそうに見えた」と考える。　❸電話をするのは自分なので主語は I
になる。　❹過去進行形の文。　❺「〜するべき」という意味を表す助動詞を使う。
❻主語が何であっても，助動詞の後は動詞の原形が続く。　❽ Will you 〜? は「〜
してくれませんか」と相手に依頼する表現。

解答

❶ looked　❷ don't have　❸ May〔Can〕I　❹ were watching
❺ should study　❻ My sister can play the piano
❼ She must clean her room today　❽ Would you open the window

□ ⑨ I am going to buy new shoes.（主語を He にして）

_____.

□ ⑩ My brother is a teacher.（「〜になった」という意味の文に）

_____.

3 日本文に合うように（　）内の語（句）を並べかえ，記号で答えなさい。

□ ⑪ 公園にはたくさんの子どもたちがいました。

（ア were　イ in　ウ children　エ there　オ many) the park.

□ ⑫ 私たちは明日，テニスをするつもりではありません。

（ア going　イ play　ウ to　エ not　オ we're) tennis
tomorrow.

□ ⑬ あなたはこの本を読んだほうがよいです。

（ア better　イ this book　ウ had　エ read　オ you).

□ ⑭ 病院への行き方を教えてくれませんか。

（ア the way　イ can　ウ you　エ me　オ tell) to the
hospital?

記述 **4** 次の指示にしたがって英文を書きなさい。

□ ⑮ 「図書館では話さないで。」と友だちに注意をするとき。

_____

- - - - - - - - - - - - - - - - ▶ ヒント -
⑨ be 動詞は主語によって使いわける。　⑪「〜がある〔いる〕」の過去の文。　⑫否
定文であることに注意。　⑭目的語が2つある文。　⑮否定の命令文で表す。「図書
館で」は in を使って文末に置く。

- - - - -
解答 ⑨ He is going to buy new shoes
⑩ My brother became a teacher　⑪ エアオウイ
⑫ オエアウイ　⑬ オウアエイ　⑭ イウオエア
⑮ Don't talk in the library.

part1
文法編

6. 不定詞 ①

月　日

1 不定詞の名詞的用法 ★★

> **I want to go to Kyoto.**
> （京都に行きたいです。）

「～すること」の意味
を表すよ。

名詞と同じ働きをして，主語や目的語や補語になる。

主　語　<u>To swim</u> is fun. （泳ぐことは楽しいです。）
　　　　　S

目的語　I began <u>to study</u>. （私は勉強をし始めました。）
　　　　　　　　　　　O

補　語　My hobby is <u>to skate</u>. （趣味はスケートをすることです。）
　　　　　　　　　　　　　C

入試では 日本文に合うように，（ ）に適する語を入れなさい。

❶ He likes ( ) ( ) tennis. （テニスをすること）
❷ My dream is ( ) ( ) a teacher. （先生になること）

2 不定詞の形容詞的用法 ★★

> **I have a lot of things to do today.**
> （今日はするべきことがたくさんあります。）

これ暗記 形容詞的用法は名詞・代名詞を後ろから修飾する。

I have a lot of <u>work</u> **to do**.
　　　　　　　名詞 ←──（するべき仕事）

Would you like <u>something</u> **to drink**?
　　　　　　代名詞 ←──（何か飲む物）

●形容詞的用法
名詞・代名詞を後ろ
から修飾する。

入試では 日本文に合うように，（ ）に適する語を入れなさい。

❶ I have some books ( ) ( ). （読むための本）
❷ We need something ( ) ( ). （何か食べる物）

解答 ❶ ❶ to play ❷ to be〔become〕
　　　 ❷ ❶ to read ❷ to eat〔have〕

得点 UP!
① 名詞的用法の不定詞は、主語、目的語、補語になる。
② 副詞的用法の不定詞は、「目的」と「原因」の2通り。

③「目的」を表す副詞的用法の不定詞★★

Jiro worked hard to buy a bike.
（ジロウは自転車を買うために一生懸命に働きました。）

ここ重要 動詞を修飾して「～するために」の
意味で、目的 を表す。
I went to the sea to swim.
動詞└─────┘目的 （泳ぐために）
（私は泳ぐために海へ行きました。）

● 「目的」を表す
副詞的用法
動詞を修飾する。

入試では to を入れるのに適する場所を記号で答えなさい。

❶ I went to the library study English.
　　　　　　　　　　　ア　　イ　　ウ

❷ He came here see his friends.
　ア　　イ　　ウ　エ

④「原因」を表す副詞的用法の不定詞★★

I am glad to see you again.
（またお会いできてうれしいです。）

ここ重要 感情を表す形容詞のあとに置いて、
「～して」の意味で感情の原因を表す。
He was surprised to hear the news.
形容詞└──原因──┘（～を聞いて驚いた）
（彼はそのニュースを聞いて驚きました。）

● 「原因」を表す
副詞的用法
感情の原因を表す。

入試では （ ）の語句を入れるのに適する場所を、記号で答えなさい。

❶ I'm happy his success . (to hear)
　ア　　イ　　　ウ

❷ The girl is sad her toy . (to lose)
　　　　　　ア　イ　　ウ

解答 ③ ❶イ ❷ウ
④ ❶イ ❷イ

7. 不定詞 ②

① how to ～，what to ～の文 ★★

> **I know how to bake cookies.**
> （私はクッキーの焼き方を知っています。）

 〈how to ＋動詞の原形〉で「～のしかた」，〈what to ＋動詞の原形〉で「何を～したらよいか」という意味を表し，ひとまとまりで動詞の目的語になる。

Everyone knows how to use this computer.（コンピューターの使い方）
　 S 　　　 v 　　　　　 o

We know what to do now.　（今何をしたらよいか）
 S 　 v 　　　 o

入試では 次の（　）から適する語を選びなさい。

❶ Do you know (how, what) to go to the library?（行き方）
❷ I don't know (how, what) to read.（何を読んだらよいか）

② when to ～，where to ～の文 ★★

> **Do you know when to leave?**
> （あなたはいつ出発したらよいか知っていますか。）

 〈when to ＋動詞の原形〉で「いつ～したらよいか」，〈where to ＋動詞の原形〉で「どこに〔で〕～したらよいか」という意味を表し，ひとまとまりで動詞の目的語になる。

I don't know when to visit her.　（いつ彼女を訪れたらよいか）
 S 　　　 v 　　　 o

He knows where to buy shoes.　（どこで靴を買えばよいか）
 S 　 v 　　　 o

入試では 次の（　）から適する語を選びなさい。

❶ Tell me (when, where) to live in Japan.（どこに住んだらよいか）
❷ She knows (when, how) to clean the room.（いつ掃除したらよいか）

解答 ① ❶ how ❷ what
　　　 ② ❶ where ❷ when

③ 〈SVO＋疑問詞＋to〜〉の文 ★★

> **Mary tells me what to read.**
> （メアリーは私に何を読めばよいかを教えてくれます。）

目的語が2つある文の「（物）を」を表す目的語に、〈疑問詞＋to〜〉の形が
くることもある。

Tom told me how to play tennis.
S V O O(物)
(人) (テニスのしかた)

which to 〜「どちらを
〜したらよいか」もあるよ。

（トムは私にテニスのしかたを教えてくれました。）

入試では 次の（ ）の語を適する形にかえなさい。1語とはかぎりません。

❶ Our teacher told (we) where to get a passport.
❷ Did you ask Mike when (start)?

④ 前置詞をともなう不定詞の用法は ★★★

> **I want some friends to play with.**
> （私はいっしょに遊ぶ友達がほしい。）

He has a house to live in.（彼は住む家がある。）
名詞＋不定詞＋前置詞
× live a house ○ live in a house → a house to live in
× sit a chair ○ sit on a chair → a chair to sit on

これ
暗記 〈名詞＋不定詞〉の次に前置詞が続くことがある。

入試では 次の（ ）に適する語を入れなさい。

❶ I have a lot of things ( ) talk about.
❷ I could not find a chair ( ) ( ) on.

解答 ③ ❶ us ❷ to start
④ ❶ to ❷ to sit

8. 不定詞 ③

① tell … to ～ の文 ★★

> **My mother told me to clean my room.**
> （私の母は私に部屋を掃除するように言いました。）

〈tell＋目的語＋to ～〉で「…に～するように言う」の意味を表す。目的語には人がきて，不定詞の意味上の主語になる。

I told **Taku to open** the door.
（タクがドアを開ける）
（私はタクにドアを開けるように言いました。）

入試では 日本文に合うように，（　）に適する語を入れなさい。

❶ My brother told (　　) (　　) help him. （私に手伝うように）
❷ I'll tell (　　) (　　) do his homework. （彼に宿題をするように）

② tell … to ～ の文と命令文 ★★

> **My father said to me, "Help me."**
> （私の父は私に「手伝いなさい」と言いました。）

tell … to ～ の文は，〈say to …, "命令文"〉とほぼ同じ意味を表す。
　My mother **told** me **to get up** early.
＝My mother **said to** me, "Get up early." ←命令文
　　　　　　　　└──コンマを忘れないように。
（私の母は私に早く起きるように言いました。）

入試では 次の文を" "を用いた文に書きかえなさい。

❶ He told me to swim fast.
　　—→ He (　　) to me, "(　　) fast."
❷ Mary told him to come home early.
　　—→ Mary (　　) (　　) him, "Come home early."

解答
　❶ ❶ me to ❷ him to
　❷ ❶ said, Swim ❷ said to

得点 UP!
① " "の文の中は大文字で始める。
② 〈ask ＋人＋ to ～〉は「(人)に～するように頼む」。

③ ask … to ～ の文 ★★

Mike asked me to write to him.
（マイクは私に彼に手紙を書くように頼みました。）

これ暗記 〈ask ＋目的語＋ to ～〉で「…に～するように頼む」の意味を表す。目的語には人がきて、不定詞の意味上の主語になる。

He asked **Alice to close** the window.
（アリスが窓を閉める）
（彼はアリスに窓を閉めるように頼みました。）

入試では to を入れるのに適する場所を記号で答えなさい。

❶ Nancy asked us help her.
　　　　　 ア　　 イ　 ウ　 エ
❷ Did he ask you make *sukiyaki*?
　　　　　 ア 　イ 　ウ 　　エ

④ ask … to ～ の文と Please ～. の文 ★★

He said to me, "Please wash the dishes."
（彼は私に「皿を洗ってください」と言いました。）

ask … to ～ の文は、〈say to …, "Please ～."〉とほぼ同じ意味を表す。
　Mary asked me to play the guitar.
＝Mary said to me, "Please play the guitar."
　　　　　　　　　　　コンマを忘れないように
（メアリーは私にギターをひくように頼みました。）

入試では 次の文を" "を用いた文に書きかえなさい。

I asked Mr. Brown to speak more slowly.
⟶ I (　) to Mr. Brown, "(　) (　) more slowly."

解答 ③ ❶ ウ　❷ ウ
④ said, Please speak

| 8 | 不定詞 ③ | 23

9. 不定詞 ④

月　　日

① 不定詞の否定形 ★★

> **She told me not to miss the train.**
> （彼女は私に列車に乗り遅れないように言いました。）

「…に～しないように言う〔頼む〕」は、
〈tell(ask)＋目的語＋not to ～〉の形で表す。
not の位置に注意。

●不定詞の否定形
〈not to ＋動詞の原形〉
の形で表す。

He asked me **not to call** him today.
（彼は私に今日は電話しないように言いました。）

入試では ( )の語を入れるのに適する場所を記号で答えなさい。

❶ My father told me to be late for school. (not)
　　　　　ア　イ　ウエオ

❷ I asked him not watch TV late at night. (to)
　　ア　イ　ウ　　エ

② 〈want ＋目的語＋ to ～〉の文 ★★

> **I want you to carry my bag.**
> （私はあなたに私のかばんを運んでもらいたいです。）

これ
暗記
〈want ＋目的語＋to ～〉で、「…に～してもらいたい」の意味を
表す。目的語は不定詞の意味上の主語になる。

I want Ken to play the guitar.
　　　　└──→（ケンがギターをひく）
（私はケンにギターをひいてもらいたいです。）

入試では 日本文に合うように,( )に適する語を入れなさい。

❶ I want ( ) ( ) ( ) dinner. （あなたに作ってほしい）
❷ I want ( ) ( ) ( ) the game. （彼に勝ってほしい）

解答 ① ❶ウ　❷ウ
　　 ② ❶ you to cook〔make〕　❷ him to win

得点 UP! ① 不定詞の否定形は，不定詞の前に not を置いて表す。
② too ...(for−) to 〜で「(−には)…すぎて〜できない」という意味。

③ too ... to 〜 の文 ★★

> **I'm too busy to watch TV.**
> （私は忙しすぎてテレビを見ることができません。）

👉 **ここ注意！** <too +形容詞+to 〜>で，「あまりに…すぎて〜できない」。

I am too old. （あまりに年をとっている）
I can't run. （走ることはできない）
⟶ I am too old to run.

●よく使う形容詞
busy(忙しい) sad(悲しい)
young(若い) cold(寒い)
　　　　　　　　　　など

入試では 日本文に合うように，( )に適する語を入れなさい。

❶ Bill is ( ) ( ) to walk. （疲れすぎて歩けない）
❷ She was ( ) sad ( ) talk. （悲しすぎて話せなかった）

④ too ... for − to 〜 の文 ★★

> **The mountain is too high for me to climb.**
> （その山は高すぎて私には登れません。）

ここ重要
too ... to 〜 の文で，不定詞 to 〜の動作をするのがだれかを
言うときは，to の前に〈for+人〉を置く。
　　　　　　　　　　　　┌（だれが）┐
This book is too difficult for Tom to read.
　　　　　　　　　　　（トムが本を読む）

入試では 日本文に合うように，( )に適する語を入れなさい。

❶ This bag is too heavy for ( ) ( ) carry.
（重すぎて彼には運べない）
❷ The computer was too expensive ( ) ( ) ( ) buy.
（高すぎて私たちには買えなかった）

解答 ③ ❶ too tired ❷ too, to
④ ❶ him to ❷ for us to

10. 原形不定詞

① make O *do* の文 ★★

My mother <u>made</u> me <u>stay</u> home.
（私の母は私を家にいさせました。）

〈make O *do*〉で「Oに〜させる」という意味を表す。「やりたくないことを強制的にやらせる」というニュアンス。主語が何であっても *do* は動詞の原形となる。このとき、「Oが〜する」のように主語と述語の関係になる。

She │ made │ us **take off** our shoes. （私たちに靴を脱がせる）
　　　　　　O　　*do* →「私たちが」「（靴）を脱ぐ」

▶入試では 日本文に合うように，（　）に適する語を入れなさい。

❶ My father always makes (　　) (　　) dishes.（私に皿を洗わせる）
❷ The teacher made (　　) (　　) the room.（私たちに掃除させる）

② have O *do* の文 ★★

I <u>had</u> my brother <u>set</u> the table.
（ 私は弟に食卓の用意をしてもらいました。）

〈have O *do*〉で「Oに〜してもらう」という意味を表す。「やって当然のことをやってもらう」というニュアンス。主語が何であっても *do* は動詞の原形となる。make より弱い強制を表す。

I'll │ have │ her **take** me to the zoo. （彼女に私を動物園に連れていってもらう）
　　　　　　O　　*do* →「彼女が」「（私を）連れていく」

▶入試では 日本文に合うように，（　）に適する語を入れなさい。

❶ I'm going to have (　　) (　　) my hair.（彼に髪を切ってもらう）
❷ Did your father have (　　) (　　) dinner?（あなたに夕食を作らせる）

　① ❶ me wash　❷ us clean
　② ❶ him cut　❷ you make〔cook〕

①「O」に代名詞がくる場合は目的格(「〜を」「〜に」の形)になる。
②主語が何であっても do は動詞の原形になる。

3 let O do の文 ★★

 let は過去形, 過去分詞形も let だよ。

> **He let her use his computer.**
> (彼は彼女が彼のコンピューターを使うのを許しました。)

 これ暗記 〈let O do〉で「Oが〜するのを許す」という意味を表す。主語が何であっても do は動詞の原形となる。このとき,「Oが〜する」のように主語と述語の関係になる。

My mother |let| him visit his friend. (彼が友だちを訪ねるのを許した)
                   O   do → 「彼が」「訪ねる」

入試では 次の( )から適する語を選びなさい。

❶ Please(make, let)me go to bed now. (寝るのを許す)
❷ My father(makes, lets)me speak English at home. (英語を話させる)

4 help O do の文 ★★

> **I'll help my brother do his homework.**
> (私は弟が宿題をするのを手伝うつもりです。)

 これ暗記 〈help O do〉で「Oが〜するのを手伝う」という意味を表す。主語が何であっても do は動詞の原形となる。(help の場合は, do の位置に不定詞を置いてもよい。)

She always |helps| her mother cook breakfast. (母が朝食を作るのを手伝う)
                    O   do → 「彼女の母が」「(朝食を)作る」

入試では 日本文に合うように,( )に適する語を入れなさい。

❶ Please ( ) ( ) know your answer. (あなたの答えを私に教える)
❷ You should ( ) your brother ( ) bags.
(弟がバッグを運ぶのを手伝う)

 解答 ③ ❶ let ❷ makes
④ ❶ let me ❷ help, carry

11. 動名詞 ①

月　　日

1 動名詞の形 ★★

> I like swimming in the lake.
> （私は湖で泳ぐのが好きです。）

〈動詞の原形＋-ing〉で，「〜すること」の意味を表し，名詞と同じはたらきをする。

ここ重要

動詞の
〜ing形

動名詞→名詞としてはたらく。
We enjoyed fishing in the river.
現在分詞→be動詞といっしょに用いられて進行形を作る。
He is watching TV now.

入試では 次の動詞の 〜ing 形を書きなさい。

❶ write　　❷ run　　❸ stop　　❹ cry

2 主語になる動名詞 ★★

> Playing the piano is interesting.
> （ピアノをひくことはおもしろいです。）

「〜すること」の意味で，単独または他の語をともない主語になる。

Skating is difficult.
　S　　 ∨

Playing soccer is fun.
　　S　　　 ∨

ここ重要

主語になる動名詞は
3人称単数扱いだよ。

入試では 次の（　）の語を適する形にかえなさい。

❶ (Make) dolls is my hobby.
❷ (Study) English is very important.

解答 ❶ ❶ writing　❷ running　❸ stopping　❹ crying
❷ ❶ Making　❷ Studying

①動名詞の形は現在分詞と同じだが、用法がちがう。
②動名詞は、文の主語・補語・目的語になる。

③ 補語になる動名詞 ★★

My job is teaching English.
（私の仕事は英語を教えることです。）

「〜すること」の意味で、be動詞のあとにきて補語になる。

$\underset{S}{\underline{My\ hobby}}$ $\underset{V}{\underline{is}}$ $\underset{C}{\underline{swimming}}$. （私の趣味は泳ぐことです。）

主語＝補語

 ここ注意！ I am swimming. は進行形。

入試では 次の文から動名詞を含む文を2つ選びなさい。

ア　My friend is washing the car.
イ　My work is washing cars.
ウ　My hobby is collecting old coins.
エ　My sister is doing her homework.

④ 目的語になる動名詞と不定詞 ★★

We like playing（to play）tennis.
（私たちはテニスをするのが好きです。）

 これ暗記

動名詞だけを目的語にとる動詞	enjoy, finish, stop など
不定詞だけを目的語にとる動詞	want, hope, wish など
両方とも目的語にとる動詞	like, begin, start など

入試では 次の（　）の語を適する形にかえなさい。1語とはかぎりません。

❶ My father finished (eat) dinner.
❷ Did you enjoy (dance) last night?
❸ I hope (go) to Australia someday.

 解答
③ イ，ウ
④ ❶ eating ❷ dancing ❸ to go

月　　日

12. 動名詞 ②

① stop ~ing と stop to ~ のちがい ★★

Aya stopped <u>talking</u>, and Miku stopped <u>to talk</u>.
（アヤは話すのをやめ、ミクは話すために立ち止まりました。）

stop **talking** ── 話すのをやめる
　　　　○ 動名詞

stop **to talk** ── 話すために立ち止まる
　　　　不定詞の副詞的用法（～するために）

 ここ注意！ 　stop には
「やめる」と「立ち止まる」の
2つの意味がある。

入試では　次の英文を日本語にしなさい。

❶ My father stopped reading the newspaper.
　父は新聞を（　　　　　　　）やめました。

❷ My father stopped to read the newspaper.
　父は新聞を（　　　　　　　）立ち止まりました。

② 〈前置詞＋動名詞〉★★

He left <u>without saying</u> a word.
（彼は一言も言わずに行ってしまいました。）

ここ重要 | 動名詞は、前置詞のあとにも使われる。

without		～しないで
after	~ ing	～したあとで
before		～する前に
by		～することによって

前置詞のあとには名詞
が続くと覚えよう！

入試では　次の（　）の語を適する形にかえなさい。

❶ After (clean) the room, we took a walk.

❷ He won the game by (practice) hard.

 解答　❶ ❶ 読むのを　❷ 読むために
　　　　❷ ❶ cleaning　❷ practicing

③ 連語で使われる動名詞 ★★

We look forward to seeing you.
（私たちはあなたに会えるのを楽しみにしています。）

これ暗記	be good at ～ing	～するのが得意である
	be interested in ～ing	～することに興味がある
	How about ～ing?	～するのはいかがですか。
	Thank you for ～ing.	～してくれてありがとう。

入試では 次の（　）に適する語を入れなさい。

❶ Thank you (　　) inviting me.
❷ I'm interested (　　) making cookies.
❸ How (　　) going on a picnic tomorrow?

④〈動名詞＋名詞〉★★

Where is the waiting room?
（待合室はどこですか。）

〈動名詞＋名詞〉の形が１つの意味を表すことがある。この場合，動名詞の部分を強く発音する。

● 〈動名詞＋名詞〉

a sleeping car（寝台車）　　the playing room（遊戯室）
a boiling point（沸点）

入試では 次の英文を日本語にしなさい。

❶ Where is the sleeping car?　（　　　）はどこですか。
❷ I'm in the waiting room.　私は（　　　）にいます。

解答 ③ ❶for ❷in ❸about
④ ❶寝台車 ❷待合室

入試直前確認テスト ②

1 日本文に合うように，(　　)に適する語を入れなさい。

☐ ❶ 母は私に皿洗いをさせました。

My mother made (　　　) (　　　) the dishes.

☐ ❷ 彼はそのニュースを聞いて怒りました。

He was angry (　　　) (　　　) that news.

☐ ❸ あなたは私に英語を教えてほしいですか。

Do you (　　　) me (　　　) teach you English?

☐ ❹ 私の弟はテレビゲームをすることをやめませんでした。

My brother didn't (　　　) (　　　) a video game.

☐ ❺ あなたは何か飲む物を持っていますか。

Do you have something (　　　) (　　　) ?

☐ ❻ 私はバスケットボールすることが得意です。

I'm (　　　) at (　　　) basketball.

2 日本文に合うように，(　　)内の語(句)を並べかえ，記号で答えなさい。

☐ ❼ 私は彼らに静かにするように頼みました。

I (ア them　イ be　ウ to　エ quiet　オ asked).

☐ ❽ 彼女は次に何をするべきか私たちに教えてくれませんでした。

She didn't (ア what　イ us　ウ tell　エ do　オ to) next.

☐ ❾ 先生は私たちに授業中は日本語を話さないように言いました。

Our teacher (ア told　イ not　ウ Japanese　エ to　オ us　カ speak) during the class.

- ◀ ヒント -

❶「～させた」と強制している。 ❷「原因」を表す不定詞の副詞的用法。 ❹ stop ～ ing と stop to ～を区別すること。 ❻前置詞のあとには名詞または動名詞が続く。 ❼不定詞のあとには動詞の原形が続く。 ❾不定詞の否定形を用いた文。

- -

解答 ❶ me wash　❷ to hear　❸ want, to　❹ stop playing

❺ to drink　❻ good, playing　❼ オアウイエ　❽ ウイアオエ

❾ アオイエカウ

part 1
(S V O) 文法編

1 ~ 5

6 ~ 12

13 ~ 21

22 ~ 30

31 ~ 36

37 ~ 44

part 2
実戦編

1 ~ 3

4 ~ 14

15 ~ 17

18 ~ 19

□ ⑩ あなたは彼女の家への行き方を覚えていますか。

Do you (ア to　イ remember　ウ get to　エ her house
オ how)?

□ ⑪ あなたは夏休みに何をすることを楽しみにしていますか。

(ア forward　イ what　ウ do you　エ to　オ doing　カ look)
in the summer vacation?

□ ⑫ 父は私に,「サッカーをするために公園へ行こう」と言いました。

My father (ア "Let's go　イ me,　ウ to play soccer."　エ to
オ said　カ to the park).

③ 各組の文が同じ内容になるように, (　)に適する語を入れなさい。

□ ⑬ { To speak English is difficult.
　　 (　　　　) English is difficult.

□ ⑭ { I was too busy to sleep enough.
　　 I was (　　　) busy (　　　) I couldn't sleep enough.

□ ⑮ { It's so cold that we can't swim in the sea.
　　 It's (　　　) cold (　　　) us (　　　) swim in the sea.

記述 ④ 次の指示にしたがって英文を書きなさい。

□ ⑯ 「明日何かすることがあるか。」と友だちにたずねるとき。 (不定詞
を用いて)

_____

━━━ ヒント ━━━

⑩ get to ~「~へ行く, 到着する」　⑪「何を」と聞いているので疑問詞 what で
文を始める。　⑬名詞的用法の不定詞を1語で書きかえる。　⑭もとの文は「私は
忙しすぎて十分に眠れませんでした」という意味。　⑮もとの文は「寒すぎて私た
ちは海で泳げません」という意味。　⑯形容詞的用法の不定詞を用いて表す。

_____

 解答　⑩ イオアウエ　⑪ イウカアエオ　⑫ オエイアカウ

　　⑬ Speaking　⑭ so, that　⑮ too, for, to

　　⑯ Do you have anything to do tomorrow?

13. 比 較 ①

① as ～ as ... の文 ★★

English is <u>as</u> important <u>as</u> math.
（英語は数学と同じくらい大切です。）

〈as ＋形容詞〔副詞〕＋ as ...〉「…と同じくらい～」
I get up as <u>early</u> as my mother.
　　　　　　副詞　（私は母と同じくらい早く起きます。）

〈not as ＋形容詞〔副詞〕＋ as ...〉「…ほど～ない」
Tina is not as <u>angry</u> as her friend.
（ティナは彼女の友達ほど怒ってはいません。）

形容詞〔副詞〕の
もとの形を原級と言うよ。

入試では ▶ 次の（　）から適する語を選びなさい。

❶ Lisa is as kind (that, as) Judy.
❷ You play the piano as (well, better) as my sister.

② 比較級を使った文 ★★

This river is <u>longer</u> than that one.
（この川はあの川よりも長いです。）

more をつけるのは
つづりの長い単語が
多いよ。

これ暗記 形容詞〔副詞〕＋ -(e)r ＋ than ... ｝「…よりも～」
　　　　more ＋形容詞〔副詞〕＋ than ...

This river is <u>longer than</u> that one.
　　　　　long の比較級

入試では ▶ 次の（　）の語を適する形にかえなさい。1 語とはかぎりません。

❶ Beth can run (fast) than Jim.
❷ This story is (interesting) than that one.

解答 ① ❶ as ❷ well
② ❶ faster ❷ more interesting

得点 **UP!**
① not as 〜 as ... は「…ほど〜ない」と訳すことに注意しよう。
② more, most を使う形容詞, 副詞を覚えておこう。

③ **最上級を使った文 ★★**

Tom is the tallest of all.
（トムはみんなの中でいちばん背が高いです。）

これ暗記 the ＋形容詞〔副詞〕＋ -(e)st ＋ of〔in〕... ⎫
the most ＋形容詞〔副詞〕＋ of〔in〕... ⎭ 「…の中でいちばん〜」

Tom is the <u>tallest</u> of all.
　　　　　tall の最上級

入試では 次の（　）の語を適する形にかえなさい。1 語とはかぎりません。

❶ This park is the (big) in this city.
❷ This book is the (difficult) of the three.
❸ This question is the (easy) of all.

④ **better, best を使った文 ★★**

I like tennis better than basketball.
（私はバスケットボールよりもテニスのほうが好きです。）

ここ重要 like 〜 <u>better than</u> ... 「…よりも〜のほうが好きだ」
　　　 like 〜 <u>the best</u> 「〜がいちばん好きだ」

Which do you **like better**, apples **or** oranges?
（あなたはリンゴとオレンジではどちらが好きですか。）

入試では 次の（　）から適する語を選びなさい。

❶ My sister likes spring (well, better, best) than summer.
❷ Koji likes cats the (well, better, best) of all animals.

 解答 ③ ❶ biggest ❷ most difficult ❸ easiest
④ ❶ better ❷ best

part 1 S V O C 文法編
1〜5
6〜12
13〜21
22〜30
31〜36
37〜44
part 2 実戦編
1〜3
4〜14
15〜17
18〜19

---

14. 比 較 ②

① 〈〜 times as＋原級＋as ...〉★★

This room is three times as large as mine.
（この部屋は私の部屋の3倍の大きさです。）

〈〜 times as ＋原級＋ as ...〉で「…の〜倍の—」という意味を表す。
This room is **three times** as **large** as mine.
　　　　　　　3倍　　　　　原級（形容詞〔副詞〕）のもとの形
This box is **twice** as **heavy** as that one. （この箱はあの箱の2倍の重さです。）
　　　　　　2倍　　　原級

ここ注意！　「2倍」は twice を使い、3倍以上は 〜 times を使う。

入試では　次の（　）から適する語（句）を選びなさい。

❶ I am (two, twice) as old as you.
❷ This building is four times as (tall, taller) as that one.

② 〈比較級＋ and ＋比較級〉★★

It is getting colder and colder.
（だんだん寒くなってきています。）

〈比較級＋ and ＋比較級〉で「だんだん〜，ますます〜」という意味を表す。
It is getting **colder** and **colder**.
　　　　　　　cold の比較級
more をつける形容詞〔副詞〕の場合，〈more and more ＋形容詞〔副詞〕〉の
形となる。
The TV program became **more** and **more** interesting.
　　　　　　　　　　（そのテレビ番組はだんだんおもしろくなりました。）

入試では　日本文に合うように，（　）に適する語を入れなさい。

❶ She felt (　) (　) (　). （ますます幸せに）
❷ The pianist became (　) (　) (　) famous. （ますます有名に）

解答
① ❶ twice　❷ tall
② ❶ happier and happier　❷ more and more

36 ｜ part1 ｜ 文法編

得点UP!

① 「…の～倍の一」は〈～ times as +原級+ as ...〉で表す。
② 〈比較級+than any other+単数名詞〉は最上級の内容を表す。

③ 〈比較級+ than any other +単数名詞〉★★

> **Mt. Fuji is <u>higher than</u> any other mountain in Japan.**
> （富士山は日本のほかのどんな山よりも高いです。）

〈比較級+ than any other +単数名詞〉は最上級と同じ意味になる。
This temple is <u>older than</u> any other <u>temple</u> in the town.
　　　　　　　　比較級　　　　　　　　　単数名詞
（この寺はその町のほかのどんな寺よりも古いです。）
＝This temple is the <u>oldest</u> in the town.
　　　　　　　　　　　最上級

入試では▶ 各組の文が同じ内容になるように，（　）に適する語を入れなさい。

❶ { Judy is the tallest girl in the class.
　 { Judy is taller （　）（　）（　） girl in the class.

❷ { He is the most popular player.
　 { He is （　）（　）（　） any other player.

④ 〈one of the +最上級+複数名詞〉★★

> **Tokyo is one of the <u>biggest cities</u> in the world.**
> （東京は世界最大の都市のひとつです。）

〈one of the +最上級+複数名詞〉で「最も～なひとつ」という意味を表す。
Tokyo is one of the <u>biggest</u> cities in the world.
　　　　　　　　　　　最上級　複数名詞
This is one of the <u>most famous pictures</u>. （これは最も有名な絵のひとつです。）
　　　　　　　　　　　最上級　　　複数名詞

入試では▶ 次の（　）の語を適する形にかえなさい。

❶ This is one of the (large) parks in Japan.
❷ That was one of the most difficult (question).

解答
③ ❶ than any other ❷ more popular than
④ ❶ largest ❷ questions

part 1
(S V C O) 文法編
1～5
6～12
13～21
22～30
31～36
37～44

part 2
実戦編
1～3
4～14
15～17
18～19

part1

15. 受動態（受け身）①

1 受動態の文 ★

The box is opened by Jim.
（その箱はジムによって開けられます。）

ここ注意！ 動作を受けるものを主語にして「〜される」と言うときは，〈be 動詞＋過去分詞〉の形で表す。過去の文では be 動詞を was か <u>were</u> にする。

This dress was **made** by my mother yesterday.
　　　　　→〈be 動詞＋過去分詞〉

入試では 日本文に合うように，（　）に適する語を入れなさい。

❶ The window was (　　　) by Tom.（割られた）
❷ These dolls (　　) (　　) last week.（作られた）

2 受動態の疑問文・否定文 ★

Was America discovered by Columbus?
（アメリカはコロンブスによって発見されましたか。）

〈be 動詞＋過去分詞〉なので，疑問文・否定文は be 動詞の文のルール通り。

肯定文 This book **was** written by her.

疑問文 **Was** this book written by her?

否定文 This book **was not** written by her.

答えるときも be 動詞を使う！

入試では 次の文を疑問文と否定文にしなさい。

This computer is used by Takeshi.
（疑問文）（　　）this computer（　　）by Takeshi?
（否定文）This computer（　　）（　　）by Takeshi.

解答
❶ ❶ broken　❷ were made
❷ Is, used / isn't used

得点 UP!
① 受動態の疑問文・否定文は be 動詞の文のルールに従う。
② 行為者が一般の人々の場合，by ～ は省略される。

③ 受動態の文への書きかえ ★★

> **Fred is loved by everyone.**
> （フレッドはみんなに愛されています。）

受動態はおもに
書き言葉に見られ
るよ。

能動態	Tom	washed	the car.
	S		O
受動態	The car	was washed	by Tom.
	S	〈be 動詞＋過去分詞〉	

☞ **ここ注意!** 目的語を主語に，動詞を〈be 動詞＋過去分詞〉に，主語を by ～ として（「～」が代名詞のときは目的格）文の最後に置く。

入試では▶ 次の文を受動態の文に書きかえなさい。

❶ They like him. ⟶ He ( ) ( ) by ( ).
❷ Mary reads the books.
　⟶ The books ( ) ( ) by Mary.

④ by ～の省略 ★★

> **Stars are seen at night.**
> （星は夜に見られます。）

ここ重要 by ～ の部分に，ばく然と一般の人々をさす語がきたり，行為者がはっきりしないときは，by ～を省略する。

能動態	They speak English in this country.
受動態	English is spoken in this country.

by them は省略。

入試では▶ 次の文を受動態の文に書きかえなさい。

❶ We use the word. ⟶ The word ( ) ( ).
❷ They built this house in 2010.
　⟶ This house ( ) ( ) in 2010.

解答
③ ❶ is liked, them ❷ are read
④ ❶ is used ❷ was built

16. 受動態（受け身）②

① 助動詞を含む受動態の文 ★★★

> **The door can be opened by small children.**
> （そのドアは小さな子供でも開けられます。）

未来を表す受動態の文は〈will be ＋過去分詞〉の形。

My house **will be built** soon.

└─〈助動詞(will)+be+過去分詞〉

（私の家はまもなく建てられるだろう。）

be は be 動詞の原形だよ。

入試では 次の文を受動態の文に書きかえなさい。

❶ I'll make a cake. ── A cake (　　) (　　) (　　) by me.
❷ We can see many beautiful stars tonight.
　── Many beautiful stars (　　) (　　) seen tonight.

② SVOO と SVOC の受動態の文 ★★★

> **I was called Hiro-chan by Jim.**
> （私はジムにヒロチャンと呼ばれていました。）〈SVOC の文〉

SVOO の文では目的語が2つあるので，ふつうそれぞれの目的語を主語にした2通りの受動態の文ができる。

My father gave me a book. ← SVOO の文
　S　　　　V　　O　　O

目的語を主語にする。

── I was given a book by my father.
── A book was given (to) me by my father.

SVOC の文では目的語を主語にした SVC の受動態の文ができる。

Jim called me Hiro-chan. ← SVOC の文
　S　　V　　O　　C

── I was called Hiro-chan by Jim.
　S　　V　　　C

入試では 次の文の目的語に○をつけなさい。

❶ Mr. Smith teach us English.
❷ They named her Kate.

- -

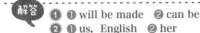

解答 ① ❶ will be made　❷ can be
　　　 ② ❶ us, English　❷ her

得点 UP!

① 助動詞を含む受動態は〈助動詞＋be ＋過去分詞〉。
② SVOO の文はふつう 2 通りの受動態の文ができる。

part 1 (S V O C) 文法編

1〜5
6〜12
13〜21
22〜30
31〜36
37〜44

part 2 実戦編

1〜3
4〜14
15〜17
18〜19

③ by 以外の前置詞を使う受動態の文 ★★★

> **The mountain is covered with snow.**
> （その山は雪でおおわれています。）

 ここ注意！　「〜によって」を by 以外の前置詞で表すものがある。

be surprised <u>at</u> 〜 （〜に驚く）
be pleased <u>with</u> 〜 （〜が気に入る）
be known <u>to</u> 〜 （〜に知られている）
be covered <u>with</u> 〜 （〜でおおわれている）
be made <u>of〔from〕</u> 〜 （〜でできている）

入試では　次の（　）に適する語を入れなさい。

❶ Ms. Brown is known (　　) everyone.
❷ My sister is pleased (　　) her new coat.
❸ I was surprised (　　) his success.

④ 疑問詞で始まる受動態の疑問文 ★★

> **Who is called Little Jimmy?**
> （だれがジミー坊やと呼ばれていますか。）

 これ暗記

疑問詞が主語	〈Who〔What〕＋be 動詞＋過去分詞〜？〉 What **was done** by him?
疑問詞が主語でない	〈疑問詞＋be 動詞＋主語＋過去分詞〜？〉 When is this car **washed**?

入試では　下線部を問う文と、それに答える文を完成させなさい。

A vase was broken by Ken.
(　　) was broken by Ken? —— A vase (　　).

 解答　③ ❶ to　❷ with　❸ at
　　　　④ What / was

"16 | 受動態（受け身）②   41"

17. 現在完了 ①

月　日

① 現在完了の形 ★

I have lived here for a year.
（私は1年間ここに住んでいます。）

ここ注意！ 現在完了は、〈have（has）＋過去分詞〉の形である。have（has）は主語により使い分ける。

I, you, 複数	→	have＋過去分詞
3人称単数	→	has＋過去分詞

現在完了では過去に起きたことが今と結びついているよ。

入試では▶ 次の（　）にhaveかhasを入れなさい。

❶ I (　) seen a panda.
❷ He (　) wanted this bike.
❸ We (　) been in London.

② 現在完了と現在と過去の関係 ★★

He has lived here since 2010.
（彼は2010年以来ここに住んでいます。）

現在完了は、過去に始まった動作や状態が現在も続いていることを表す。

入試では▶ 図を参考に、（　）から適する語（句）を選びなさい。

Mary (was, has been) busy since this morning.

 解答 ❶ ❶ have ❷ has ❸ have ❷ has been

①〈have〔has〕+過去分詞〉は現在完了の形。
② 現在完了には、3つの用法がある。

③ 現在完了の3つの用法 ★★

I have finished my homework.
（私は宿題を終えたところです。）

ここ重要 現在完了には継続、完了・結果、経験の3つの用法がある。
- 継続 ……「（ずっと）～している」
- 完了 ……「～したところだ、～してしまった」
  - ※結果 ……「～して（その結果、今は）…だ」
- 経験 ……「～したことがある（ない）」

入試では 次の英文の下線部を日本語にしなさい。

I have heard her beautiful song before.
私は以前彼女の美しい歌を（   ）。

④ 現在完了進行形の形 ★★

I have been watching TV for two hours.
（私は2時間テレビを見続けています。）

ここ注意！ 〈have + been +動詞の -ing 形〉で「～し続けている」という意味になり、過去のある時点で始まった動作が現在まで続いていることを表す。

現在完了進行形
ずっとテレビを見ている
時の流れ →
2時間前
現在
※現在以降、もう見ないのか、見続けるのかは、前後の文脈から判断される。

入試では 次の（ ）内から適する語（句）を選びなさい。

❶ We have (had, been having) this cat for five years.
（このネコを飼っている）

❷ She has (waited, been waiting) for him for thirty minutes.
（今も彼を待っている）

解答 ③ 聞いたことがあります　④ ❶ had　❷ been waiting

part 1
S C V O
文法編
1〜5
6〜12
13〜21
22〜30
31〜36
37〜44
part 2
実戦編
1〜3
4〜14
15〜17
18〜19

18. 現在完了 ②

❶ 「継続」を表す現在完了の文 ★★

Ken has been in London for two years.
（ケンは2年間ずっとロンドンにいます。）

これ暗記 現在完了は，過去のある時点から現在まで，ある状態が継続していることを表す。

ずっとロンドンにいる　　　　　時の流れ
★　　　　　　　　　　★
2年前　　　　　　　　現在

入試では 図を参考に，（　）から適する語（句）を選びなさい。

We (knew, know, have known) each other for ten years.

ずっと知っている　　　　　時の流れ
★　　　　　　　　★
10年前，初めておたがいを知った　現在も知っている

❷ for と since の使い分け ★★

It has been cold for a week.
（1週間ずっと寒いです。）

ここ重要 継続を表す現在完了の文では，for（～の間）と <u>since</u>（～以来）がよく用いられる。

for ～　　「～の間」　　　　　時の流れ
★　　　　　　　　★
過去　since ～「～以来」　現在

入試では 次の（　）に for か since を入れなさい。
❶ I have lived in Canada (　) last April.
❷ Lisa has been busy (　) three hours.

解答 ❶ have known　❷ ❶ since　❷ for

得点 UP!
① for と since は、継続を表す現在完了で用いる。
② 期間をたずねるときは、How long 〜? を用いる。

③ 現在完了の疑問文と否定文 ★★

Have you known Tom for a long time?
（あなたは長い間トムを知っていますか。）

ここ重要

現在完了の疑問文は、〈Have（Has）+ 主語 + 過去分詞〜?〉。

- **肯定文**   You **have** lived here for a year.
- **疑問文**   **Have** you   lived here for a year?
- **答え方**   Yes, I **have**. / No, I **haven't**.
- **否定文**   I **have not** lived here for a year.

入試では 次の（ ）から適する語を選びなさい。

❶ (Do, Have) you studied math for two hours?
❷ Have you been busy? Yes, I (do, have).

④ 「期間」を問う疑問文 ★★

How long have you studied English?
（あなたはどのくらいの間英語を勉強しているのですか。）

ここ重要

「どのくらいの間〜か」と期間を問う場合は〈How long + have（has）+ 主語 + 過去分詞〜?〉でたずねて、for 〜 や since 〜 を使って答える。

How long **have** you been in Japan?（あなたはどのくらいの間日本にいますか。）
— **For** three years.（3年です。）
   └─期間を表す。
— **since** 2010.（2010年からです。）
   └─動作が始まった時点を表す。

入試では 次の（ ）から適する語（句）を選びなさい。

A : (When, How long) have they lived here?
B : They have lived here (since, for) 2015.

解答   ③ ❶ **Have**   ❷ **have**   ④ **How long / since**

part 1
(S V O) 文法編
1〜5
6〜12
13〜21
22〜30
31〜36
37〜44
part 2
実戦編
1〜3
4〜14
15〜17
18〜19

19. 現在完了 ③

1 「完了」を表す現在完了の文 ★★

> **I have already washed the car.**
> （私はすでに車を洗いました。）

これ暗記
「過去に始まった動作が(たった今)，終わったこと」を表す現在完了では **just**（ちょうど）や <u>already</u>（すでに）がよく用いられる。

She **has just bought** the shoes. （彼女はちょうど靴を買ったところです。）
They **have** <u>already</u> **taken** pictures. （彼らはすでに写真をとりました。）

入試では 日本文に合うように，（　）に適する語を入れなさい。

❶ I have (　　) (　　) a report. （ちょうど書いたところ）
❷ He has (　　) (　　) his homework. （すでに終えた）

2 「結果」を表す現在完了の文 ★★

> **I have lost my watch.**
> （私は時計を失くしました。）（まだ失くしたまま）

gone は go の過去分詞だよ。

「～してしまった(その結果，今は…だ)」の意味を表す。
She **has** <u>gone</u> to Paris. （彼女はパリへ行ってしまいました。）
〔その結果，今はここにいない。〕

入試では 図を参考に，（　）から適する語（句）を選びなさい。

He (became, has become) a doctor.

医者になった　　　　　　　　　　　現在　　　　　　　　　　時の流れ
　★　　　　　　　　　　　　　　★
医者になった　　　　　　今も医者をしている

解答
❶ ❶ just written ❷ already finished
❷ has become

得点UP! ① just や already は過去分詞の前に置く。
② yet は疑問文では「もう」,否定文では「まだ」。

③ 「完了・結果」の疑問文 ★★★

Have they eaten lunch yet ?
（彼らはもう昼食を食べましたか。）

「〜してしまいましたか」と「完了・結果」をたずねる文では,「もう〜」を表す yet が用いられることが多い。
〔疑問文〕Have you **done** your homework **yet**? （もう〜しましたか）
〔肯定文〕I have <u>already</u> **done** my homework. （もう〜しました）

ここ注意! yet は文の最後に置く。

入試では 次の( )から適する語を選びなさい。

A：Have you had lunch (yet, already)?
B：Yes, I (do, have). I have (yet, already) had lunch.

④ 「完了・結果」の否定文 ★★★

The bus has't arrived yet.
（バスはまだ到着していません。）

〈have(has)＋not＋過去分詞 〜〉の形で,「まだ」を表す yet を用いて,「まだ〜していない」の意味を表す。
I **haven't read** this book **yet**.
（私はまだこの本を読んでいません。）

He **hasn't listened** to the song **yet**.
（彼はまだその歌を聞いていません。）

疑問文と否定文では yet の意味がちがう!

入試では 次の( )にalready か yet を入れなさい。

❶ Have you finished your work ( )?
❷ We have ( ) made cakes.

解答
③ yet / have / already
④ ❶ yet ❷ already

月 日

20. 現在完了 ④

① 「経験」を表す現在完了の文 ★★

I have visited her house before.
（私は以前彼女の家を訪ねたことがあります。）

これ暗記 現在完了〈have〔has〕＋過去分詞〉は「〜したことがある」という意味の経験を表す。

家を訪ねたことがある → 時の流れ
家を訪ねた　　　　現在

入試では 次の（ ）の語を適する形にかえなさい。

❶ I have (hear) the sad story.
❷ Have you (write) a letter in English?

② 「経験」の疑問文と否定文 ★★★

Have you ever been to Singapore?
（あなたは今までにシンガポールへ行ったことがありますか。）
I have never been to Singapore.
（私は一度もシンガポールに行ったことがありません。）

「経験」の疑問文は，「今までに」の意味の ever を用いて，〈Have〔Has〕＋主語＋ever＋過去分詞〜?〉の形でたずねることが多い。
Have you ever used the computer?
└─（今までに）
（あなたは今までにそのコンピュータを使ったことがありますか。）
── Yes, I have used it once . （はい，1度あります。）
── No, I have never used it. （いいえ，1度も使ったことがありません。）

入試では 日本文に合うように，（ ）に適する語を入れなさい。

❶ Have you ( ) been to Tokyo? （これまでに行ったことがある）
❷ I have ( ) ( ) to China. （1度も行ったことがない）

解答 ❶ ❶ heard ❷ written ❷ ❶ ever ❷ never been

得点 UP!
① 「〜へ行ったことがある」はhave〔has〕been to 〜。
② ever「今までに」は、「経験」の疑問文で用いられる。

③ 「経験」の回数を問う疑問文 ★★★

How often have you seen the movie?
（あなたはその映画を何回見たことがありますか。）
How many times has Alice read the story?
（アリスは何回その物語を読んだことがありますか。）

これ暗記

「何回〜したことがありますか」と回数をたずねるときは，
〈How often＋have〔has〕＋主語＋過去分詞〜 ?〉の形。
「何回〜したことがありますか」は How many times を文頭に
置き，〈have〔has〕＋主語＋過去分詞 〜 ?〉を続けて，たずねるこ
ともできる。

入試では▶ 日本文に合うように，（ ）に適する語を入れなさい。

❶ あなたは何回彼に会ったことがありますか。——2回あります。
（　　）（　　）have you seen him?　—— I have seen him（　　）.
❷ あなたは寿司を何回食べたことがありますか。——3回あります。
（　　）（　　）（　　）have you eaten *sushi*?
　—— I have eaten it（　　）（　　）.

④ have been to 〜の 2 つの意味 ★★★

I have just been to the airport.
（たった今，空港へ行ってきたところです。）…完了

I **have been to** Osaka once.
（私は1度大阪へ行ったことがあります。）←経験
I **have** just **been to** the station.
（私はたった今，駅へ行ってきたところです。）←完了

用法を考えるときは
副詞（句）が
ヒントになるよ。

入試では▶ 「完了」を表す現在完了の文を選び，記号で答えなさい。

ア　She has been to Kyushu many times.
イ　She has just been to the shop.

解答
③ ❶ How often, twice　❷ How many times, three times
④ イ

part
1
SVO
文法編

1〜5
6〜12
13〜21
22〜30
31〜36
37〜44

part
2
実戦編

1〜3
4〜14
15〜17
18〜19

21. 現在完了 ⑤

① have been in 〜 の 2 つの意味 ★★

They have been in Canada before.
（彼らは以前，カナダにいたことがあります。）…経験

have been in 〜 は I have been in my room for two hours. （私は自分の部屋に 2 時間ずっといます。）と「継続」を表すほかに，「〜にいたことがある」と「経験」の意味も表す。

ここ重要 have（has）been in 〜 の 2 つの意味は，あとにくる語句で区別する。for 〜 など→「継続」 before など→「経験」

入試では 「経験」を表す現在完了の文を選びなさい。

ア　Mary has been busy since last month.
イ　I have been in Spain before.

② 疑問詞で始まる現在完了の疑問文 ★★

Where has Ann left her bag?
（アンはどこにかばんを置き忘れましたか。）

〈疑問詞＋ have（has）＋主語＋ 過去分詞〜?〉の語順。
Who が主語になるときは，〈Who ＋has＋過去分詞〜?〉の語順。

 ここ注意！ Who は 3 人称単数扱い。

Who has made lunch?　── Taro and Jiro have.
（だれが昼食を作りましたか。─タロウとジロウです。）

入試では 次の（　）に適する疑問詞を入れなさい。

❶ （　）has cleaned the room?　── Jane has.
❷ （　）have you been with Mike?
　── I have been to Disneyland with him.

 解答 ❶ イ
❷ ❶ Who ❷ Where

得点 **UP!** ① who で始まる現在完了は〈who has+過去分詞～?〉。
② when や過去を表す語(句)は現在完了の文では使えない。

③ 現在完了の書きかえ ★★★

> **We have been friends for three years.**
> (私たちは3年間友達です。)…継続

次のように3通りに書きかえることができる。
1. Three years **have passed** since we became friends.
2. It is three years since we became friends.
3. We became friends three years ago.
(私たちが友達になってから3年が過ぎた。)

入試では 次の文を2通りの文に書きかえなさい。

Takumi left Japan ten years ago.
❶ It ( ) ten years ( ) Takumi left Japan.
❷ Ten years ( ) ( ) since Takumi left Japan.

④ 現在完了と共に使えない語(句) ★★★

> **My mother has been sick since yesterday.**
> (母は昨日から病気です。)

これ暗記 last night, ～ ago (～前), just now (たった今), 疑問詞 when など, はっきりと過去を表す語(句)は現在完了と共に用いることができない。since yesterday のように since と共に用いることはできる。

〔×〕 ~~When~~ have you finished the work?
〔○〕 When **did** you **finish** the work? ←過去の文

入試では 次の文のうち正しいほうを選びなさい。

ア When did she do her homework?
イ When has she done her homework?

 解答 ③ ❶ is, since ❷ have passed
④ ア

入試直前確認テスト ③

1 日本文に合うように，次の（　）の語を適する形にかえなさい。

☐ ❶ 彼女の髪は私のものよりも長いです。

Her hair is (long) than mine.

☐ ❷ この寺は200年前に建てられました。

This temple was (build) 200 years ago.

☐ ❸ 私は3歳のころからずっとメアリーを知っています。

I have (know) Mary since I was three.

☐ ❹ あなたの家族の中でいちばん背が高いのはだれですか。

Who is the (tall) in your family?

☐ ❺ だんだん暖かくなってきています。

It's getting (warm) and (warm).

☐ ❻ 彼は日本で最も有名なテニス選手のひとりです。

He is one of the most famous tennis (player) in Japan.

2 日本文に合うように，（　）に適する語を入れなさい。

☐ ❼ 私は午後3時からずっと英語を勉強しています。

I have (　　　) (　　　) English since three p.m.

☐ ❽ 彼女は一度も京都へ行ったことがありません。

She (　　　) never (　　　) to Kyoto.

☐ ❾ 屋根は雪におおわれています。

The roof is (　　　) (　　　) snow.

------ ヒント ------

❷受動態の文。　❸「継続」を表す現在完了形の文。　❹最上級の文。　❼過去のある時点から続く「動作」を表している。　❽「～へ行ったことがある」はbe動詞の過去分詞形を使って表す。　❾受動態を使って表す。

解答 ❶ longer　❷ built　❸ known　❹ tallest
❺ warmer, warmer　❻ players　❼ been studying
❽ has, been　❾ covered with

part
1

（S V O）
文法編

1～5
6～12
13～21
22～30
31～36
37～44

part
2

実戦編

1～3
4～14
15～17
18～19

□ ⑩ 私のイヌは彼のものと同じくらい若いです。

My dog ( ) ( ) young as his.

□ ⑪ あなたは何回サオリに会ったことがありますか。

( ) ( ) have you met Saori?

③ 日本文に合うように，（ ）内の語（句）を並べかえ，記号で答えなさい。

□ ⑫ 私はちょうどこの本を読み終えたところです。

I (ア just イ this book ウ reading エ have オ finished) .

□ ⑬ 彼はほかのどの生徒よりも速く走ることができます。

He can (ア student イ run ウ faster エ other オ than カ any) .

□ ⑭ この腕時計は祖父によって兄に与えられました。

(ア this watch イ to ウ my brother エ was オ by カ given) my grandfather.

□ ⑮ あの図書館はこの町で最も古い建物のひとつです。

That library is (ア of イ in ウ one エ buildings オ oldest カ the) this town.

記述 ④ 次の指示にしたがって英文を書きなさい。

□ ⑯ 「自分の自転車はあなたのものほど新しくない」と友だちに言うとき。

_____

------- ヒント -------

⑪空所の数から考える。 ⑫「完了」を表す現在完了形の文。 ⑬副詞が比較級になっていることに注意。 ⑭〈give ＋物＋ to 人〉が文の骨組み。これを受動態の文にする。 ⑯「私の自転車」を主語にし，「…ほど〜でない」の表現を使って表す。

解答
⑩ is as ⑪ How often ⑫ エアオウイ ⑬ イウオカエア
⑭ アエカイウオ ⑮ ウアカオエイ
⑯ My bike(bicycle) is not as new as yours.

22. 名詞の後置修飾

月　　日

① 後置修飾とは★

> **The picture on the wall is very beautiful.**
> （壁にかかっているその絵はとても美しいです。）

名詞を後ろから修飾することを後置修飾と言う。

The <u>picture</u> <u>on the wall</u> is very beautiful.
　　　└修飾┘ （絵のある場所を説明）

Let's go to the <u>theater</u> <u>in Osaka.</u> （大阪の劇場へ行きましょう。）
　　　　　　　└修飾┘ （劇場のある場所を説明）

入試では 日本文に合うように，（　）に適する語を入れなさい。

❶ Look at the cat (　　) the tree. （木の下のネコ）
❷ Let's try the computer (　　) the desk. （机の上のコンピュータ）
❸ I went to the bank (　　) the station. （駅の近くの銀行）

② 〈分詞＋語句〉も名詞を後置修飾する★

> **I like *tempura* cooked by my mother.**
> （私は母が料理したてんぷらが好きです。）

<u>名詞</u>＋<u>分詞</u>＋<u>語句</u>

a <u>boy</u> <u>sleeping on the sofa</u>
　　　　　（ソファで眠っている少年）

a <u>cup</u> <u>broken by my brother</u>
　　　　　（弟が割ったカップ）

ここ注意！ 日本語と語順が逆。

a boy　sleeping on ...

男の子　…で眠っている

入試では （　）の語句を入れるのに適する場所を，記号で答えなさい。

❶ The girl is my sister . (working in the kitchen)
　　アイ　　　ウ

❷ I read a letter . (written in English)
　　アイ　　ウ

解答 ① ❶ under ❷ on ❸ near
② ❶ ア ❷ ウ

得点 UP! ① 英語では前の名詞を後ろから修飾することが多い。
② 〈S＋V〉が名詞を修飾するとき，文意に注意！

③ 不定詞の形容詞的用法は後置修飾の形 ★★

Please give me something <u>to drink</u>.
（何か飲み物をください。）

-thing はいつも
後ろから
修飾されるよ。

これ暗記 名詞＋to 〜 → 「〜すべき…」
「〜するための…」

Do you have a <u>book</u> to read?
　　　　　└修飾┘（読むための本）
I have <u>something</u> to tell you.
　　　　└修飾┘（あなたに伝えるべきこと）

入試では 日本文に合うように，（　）に適する語を入れなさい。

❶ I have some homework (　　)(　　). （するべき宿題）
❷ I have a house (　　) live (　　). （住むための家）

④ 〈S＋V〉が後置修飾になる場合の意味 ★★★

The pictures <u>Bob took in Australia</u> are beautiful.
（ボブがオーストラリアでとった写真は美しいです。）

ここ重要 〈S＋V〉の形が名詞の後ろに置かれ，名詞を修飾する。
The <u>watch</u> I bought yesterday is very nice.
　S └──修飾──┘ V
　　　　　　ここまでが主部
　　　　　（私が昨日買った時計はとてもよいです。）

入試では 次の文の述語動詞（V）を答えなさい。

❶ The book I read last night was interesting.
❷ The dress my father bought me cost 20,000 yen.

 解答
③ ❶ to do ❷ to, in
④ ❶ was ❷ cost

part 1 S V C 文法編

1〜5
6〜12
13〜21
22〜30
31〜36
37〜44

part 2 実戦編

1〜3
4〜14
15〜17
18〜19

月　　日

23. 関係代名詞 ①

① 関係代名詞とそのはたらき ★★

> I know the man <u>who</u> is reading a magazine.
> （私は雑誌を読んでいる男の人を知っています。）

ここ注意！ who, which, that などの関係代名詞は、2 文を 1 文に つなぐ接続詞と代名詞のはたらきをする。

┌ I have a friend.＋He is from Paris.
└→ I have a <u>friend</u> <u>who</u> is from Paris.
　　　　　　　〈先行詞〉関係代名詞

> who 以下が前の a
> friend を修飾している。

（私にはパリ出身の友人がいます。）

入試では 次の文の関係代名詞を答えなさい。

❶ I have an aunt who lives in New York.
❷ He has a car which is very popular in Japan.

② 主格の関係代名詞 who の用法 ★★★

> I know the girl <u>who</u> came here yesterday.
> （私は、昨日ここに来た女の子を知っています。）

ここ重要 who は先行詞が「人」のときに用いる。who 以下の節で主語 になるので、主格と呼ばれる。

関係代名詞 who の文 → 先行詞（人）＋ who ＋動詞～
　　　　　〈先行詞（人）〉動詞
I have an <u>uncle</u> <u>who lives</u> in Singapore.

（私にはシンガポールに住むおじがいます。）

入試では 次の 2 文を 1 文にしなさい。

I have a sister. She plays softball very well.
—→ I have a sister (　　) (　　) softball very well.

解答 ❶ ❶ who ❷ which　　❷ who plays

得点 UP！ ①who は先行詞が「人」，which は先行詞が「物」と「動物」。
②関係代名詞に続く動詞の形は先行詞できまる。

③ 主格の関係代名詞 which の用法 ★★★

I went to the shop which opened yesterday.
（私は昨日開店した店に行きました。）

ここ重要 which は先行詞が「物・動物」のときに使う。which 以下の
節で主語になるので主格と呼ばれる。

| 関係代名詞 which の文 | → 先行詞(物・動物)＋ which ＋動詞～ |

＜先行詞(動物)＞ 動詞
I have a <u>dog</u> which <u>runs</u> fast. （私は速く走る犬を飼っています。）

入試では 次の（　）にwhich か who を入れなさい。

❶ I have a book (　　) was written by Soseki.
❷ I know the student (　　) studies hard.

④ 先行詞と動詞の形 ★★★

Saturday is the day which comes after Friday.
（土曜日は金曜日のあとに来る日です。）

who，which に続く動詞は，先行詞の人称・数に一致する。先行詞が3人
称単数で現在の文では，動詞には -s，-es がつく。

I know the <u>boy</u> who <u>plays</u> soccer well.
└─ 3人称単数 ─┘

ここ注意！
who, which のあとの
動詞の形に注意！

I have a <u>bird</u> which <u>speaks</u> well.

入試では 日本文に合うように，次の（　）に適する語を入れなさい。

❶ I have a brother who (　　) fast. （速く泳ぐ兄）
❷ She has some dolls which (　　) blue eyes. （青い目の人形）

解答 ③ ❶ which ❷ who　④ ❶ swims ❷ have

part 1
S V O c
文法編
1～5
6～12
13～21
22～30
31～36
37～44
part 2
実戦編
1～3
4～14
15～17
18～19

24. 関係代名詞 ②

① 関係代名詞が文中にくる場合 ★★★

> **The girl <u>who</u> is reading a book is my sister.**
> （本を読んでいる少女が私の妹です。）

👉 **ここ注意！** 先行詞が主語→〈先行詞＋関係代名詞節〉が主部。

〈先行詞〉関係代名詞
The man who is talking with Tom is our teacher.
S┃　　　　　　　　　　　　　　　　　　┃ V
└─修飾─┘
└────────主部────────┘
（トムと話している男の人が私たちの先生です。）

入試では 次の文を1か所区切って読む場所を、記号で答えなさい。

❶ The woman who is playing tennis is my aunt.
　　　　　ア　イ　　　　　　　　　　　ウエ

❷ The cat which is sleeping on the sofa is mine.
　　ア　イ　　　　　　　　　　　　　ウエ

② 主格の関係代名詞 that の用法 ★★★

> **We have a dog <u>that</u> can swim well.**
> （私たちは上手に泳げる犬を飼っています。）

これ暗記

先行詞	関係代名詞
人	who, that
物・動物	which, that
人・物・動物	that

・I have an <u>uncle</u>
　　　　修飾 ↑〈先行詞が人〉
　　　　│that lives in China.

・I saw <u>a man and a dog</u>
　　　修飾 ↑〈先行詞が人と動物〉
　　　│that were running.

入試では 関係代名詞の that を含む文を選び、記号で答えなさい。

ア　This camera is more expensive than that one.
イ　I know the woman that is making a speech.

解答 ❶❶ウ ❷ウ ❷イ

得点 UP!
① which は主格と目的格の両方のはたらきをする。
② 目的格の関係代名詞のあとは〈主語＋動詞〉が続く。

part
1
Ⓢ Ⓥ₀ Ⓒ
文法編

1～5

6～12

13～21

22～30

31～36

37～44

part
2

実戦編

1～3

4～14

15～17

18～19

③ 目的格の関係代名詞 that〔whom〕の用法★★

The boy that you saw in the park is Mike.
（あなたが公園で会った男の子はマイクです。）

先行詞が「人」のときに使う。whom は who の目的格。

ここ重要
先行詞 + that + S + V ～ .

I know a girl. + I met her yesterday.
〈先行詞(人)〉└──────┘ met の目的語⇨目的格
I know a girl that I met yesterday.
（私は昨日会った少女を知っています。）

入試では 次の2文を1文にしなさい。

Ms. White is a teacher. The students like her.
⟶ Ms. White is a teacher (　　) (　　) (　　) like.

④ 目的格の関係代名詞 which の用法★★★

This is the picture which I took in Kyoto.
（これは私が京都でとった写真です。）

先行詞が「物・動物」のときに使う。

ここ重要
先行詞 + which + S + V ～ .

This is a cake. + I made it.
〈先行詞(物)〉└──────┘ made の目的語⇨目的格
This is a cake which I made. （これは私が作ったケーキです。）

入試では 次の2文を1文にしなさい。

This is the dictionary. I bought it last year.
⟶ This is the dictionary (　　) (　　) (　　) last year.

─ ─

 解答 ③ that〔whom〕the students   ④ which I bought

25. 関係代名詞 ③

❶ 目的格の関係代名詞 that の用法★★★

That's a house that my uncle bought.
（あれはおじが買った家です。）

ここ重要　that は先行詞が「人」のときも「物・動物」のときも使える。

This is a picture.＋ I took it in Nara.

── This is a picture that I took in Nara.

〈先行詞（物）〉　　└──took の目的語 ⇨ 目的格

（これは私が奈良でとった写真です。）

入試では　目的格の that を含む文を選びなさい。

ア　These are girls that I met in the museum.

イ　The dog that runs fast is Shiro.

❷ 目的格の関係代名詞の省略★★★

Do you know the boy we met at the post office?
（私たちが郵便局で会ったその少年を知っていますか。）

ここ注意！　目的格の関係代名詞 which , that, whom は省略できる。

──── 目的格の関係代名詞

This is the magazine **which** he read yesterday.

（省略）

This is the magazine 〔　　　〕 he read yesterday.

──修飾──

（これは彼が昨日読んだ雑誌です。）

入試では　関係代名詞が省略できる文を選びなさい。

ア　I know the boys that are playing baseball.

イ　Is this the cellphone which your aunt bought?

解答　❶ ア　　❷ イ

得点UP!
① 目的格の関係代名詞は省略できる。
② which, that のあとに〈S+v〉がくると目的格。

part
1
(S V O C)
文法編

1〜5
6〜12
13〜21
22〜30
31〜36
37〜44

part
2
実戦編

1〜3
4〜14
15〜17
18〜19

③ 関係代名詞 that の特別な用法 ★★

He is the cleverest man that I have ever seen.
（彼は私が今まで会った中でもっともかしこい人です。）

 これ暗記　先行詞に, 最上級, all, 序数, the same(同じ), the only(ただ一つの), every などがつくとき, 関係代名詞は that をよく使う。

I'll give you all the stamps that I collected.
　　　　　〈先行詞〉
（私は自分が集めたすべての切手をあなたにあげるつもりです。）

入試では　次の( )から適する語を選びなさい。

❶ This is the first train (which, that) leaves for Tokyo.
❷ That is the most interesting book (which, that) I have ever read.

④ 関係代名詞の主格と目的格の区別のしかた ★★

Judy likes the bag that her mother gave her.
（ジュディーは彼女の母親がくれたかばんが好きです。）

ここ重要　関係代名詞 which, that が主格か目的格かは, あとに何が続くかで区別する。

| which that | +動詞〜→主格 | This is a cat which swims. |
| which that | +主語+動詞〜→目的格 | This is a bag that I made. |

入試では　下線部が主格の関係代名詞の文を選びなさい。

ア　Do you know the doctor that I met at the office?
イ　These are horses which run very fast.

 解答　③ ❶ that ❷ that　④ イ

月　　日

26. 関係代名詞 ④

❶ 所有格の関係代名詞 whose の用法 ★★★

> **I know a girl whose mother is an English teacher.**
> （私は母親が英語の先生をしている少女を知っています。）

ここ重要 関係代名詞 whose は、接続詞 と 所有格の代名詞のはたらきをする。

I have a friend. + His father is a pilot.

I have a friend **whose** father is a pilot.
　　　　先行詞

（私には父親がパイロットをしている友達がいます。）

whose は who
の所有格だよ。

入試では 次の（ ）から適する語を選びなさい。

❶ I know a boy (who, whose) eyes are blue.
❷ I know a boy (who, whose) speaks French.

❷ 関係代名詞の文の書きかえ (1) ★★★

> **The student sitting on the bench is Ken.**
> （ベンチに座っている生徒はケンです。）

ここ重要

名詞+{ who / which } （主格）+進行形＝名詞+〜ing（現在分詞）

I know a girl **who is painting** a picture.

I know a girl **painting** a picture.
名詞└修飾┘〈現在分詞+語句〉

　　　　　（私は絵を描いている少女を知っています。）

入試では 2文が同じ内容になるように、（ ）に適する語を入れなさい。

The dog which is running around the tree is Kuro.
The dog ( ) around the tree is Kuro.

解答
❶ ❶ whose ❷ who
❷ running

part
1
(S V o)
文法編

1〜5

6〜12

13〜21

22〜30

31〜36

37〜44

得点 UP!
① 関係代名詞 whose は所有格のはたらきをする。
② with 〜 は「〜を持っている」の意味。

③ 関係代名詞の文の書きかえ (2) ★★★

I like apple pies <u>made</u> by my mother.
（私は母によって作られるアップルパイが好きです。）

ここ重要

名詞 + {who / which (主格)} + 受動態 = 名詞 + 過去分詞

This is a <u>dog house</u> which was made by my father.

This is a <u>dog house</u> made by my father.
名詞 └修飾─┘ 〈過去分詞＋語句〉
（これは父によって作られた犬小屋です。）

入試では

日本文に合うように、2 通りの文を作りなさい。

私はハルキによって書かれた本を読みました。
❶ I read a book ( ) was ( ) by Haruki.
❷ I read a ( ) ( ) ( ) Haruki.

④ 関係代名詞の文の書きかえ (3) ★★★

I know the woman <u>with</u> blue eyes.
（私はその青い目の女性を知っています。）

名詞 + {who / which} have(has) 〜 = 名詞 + <u>with</u> 〜

I know a boy <u>who has</u> a big suitcase.

I know a boy <u>with</u> a big suitcase.
名詞 └修飾─┘
（私は大きなスーツケースを持った少年を知っています。）

with は前置詞。
だからあとには
名詞（句）
が続くよ。

入試では

2 文が同じ内容になるように、( ) に適する語を入れなさい。

I have a dog which has long hair.
I have a ( ) ( ) long hair.

解答
③ ❶ which〔that〕, written ❷ book written by
④ dog with

part
2
実戦編

1〜3

4〜14

15〜17

18〜19

part1 文法編

---

27. 分 詞 ①

① 分詞の形 ★

> **Miku was <u>helped</u> by her mother.**
> （ミクは彼女の母親に助けられました。）

分詞には過去分詞と現在分詞がある。

原形	現在形	過去形	過去分詞形	現在分詞形
play	play/plays	played	<u>played</u>	playing
go	go/goes	went	<u>gone</u>	going
have	have/has	had	<u>had</u>	having

入試では 次の（　）から適する語を選びなさい。

❶ The window was（ア　broken　イ　breaking）by him.
❷ He has just（ア　finishes　イ　finished　ウ　finishing）lunch.

② 現在分詞のはたらき ★★

> **The girl <u>was singing</u> then.**
> （そのときその少女は歌っていました。）

これ暗記
①【進行形】be 動詞をともなって進行形を作る。
　→ be 動詞＋現在分詞
②【連語】go 〜 ing など連語的に用いる。
　→ go fishing（釣りに行く）
③【形容詞】形容詞としてはたらく。
　→ a sleeping baby（眠っている赤ちゃん）

現在分詞は「〜している」という意味を表すよ。

入試では 次の（　）の語を適する形にかえなさい。

❶ The dog is (run) in the park.
❷ Did you go (shop) yesterday?

解答

① ❶ ア　❷ イ
② ❶ running　❷ shopping

得点 UP! ①現在分詞は，名詞を修飾するはたらきがある。
②〈現在分詞＋語句〉は後ろから名詞を修飾する。

part
1
S V O
文法編

1 ～ 5
6 ～ 12
13 ～ 21
22 ～ 30
31 ～ 36
37 ～ 44

3 現在分詞の形容詞的用法 ★★★

Who is that <u>crying</u> child?
（あの泣いている子供はだれですか。）

〈現在分詞＋名詞〉
の語順だよ。

ここ重要

現在分詞が単独のときは名詞の前に置かれ，
「〜している…」のように名詞を修飾する。

Look at the **running** dog.
├─修飾
（走っている犬）

入試では 日本文に合うように，（ ）に適する語を入れなさい。

❶ I know the ( ) man. （歩いている人）
❷ Look at the ( ) cat. （眠っているネコ）

4 現在分詞の形容詞的用法（後置修飾）★★★

I know the man <u>playing</u> the guitar.
（私はギターをひいている男の人を知っています。）

ここ重要

〈現在分詞＋語句〉は名詞のあとに置かれ，名詞を後ろから
修飾して「〜している…」の意味を表す。

Look at the dog **running** in the park.
├──修飾──┘
〈名詞＋現在分詞＋語句〉の語順。
（公園の中を走っている犬）

part
2
実戦編

1 ～ 3
4 ～ 14
15 ～ 17
18 ～ 19

入試では （ ）の語を入れるのに適する場所を，記号で答えなさい。

❶ Who is that baby ? (sleeping)
　　ア　イ　ウ
❷ The baby in the bed is Nancy. (sleeping)
　ア　イ　　　ウ

解答 3 ❶ walking ❷ sleeping
4 ❶ イ ❷ イ

月　　日

28. 分　詞 ②

① 〈現在分詞＋語句〉が文中にくる場合の訳し方 ★★★

> **The boy playing in the yard is my brother.**
> （庭で遊んでいる少年は私の弟です。）

〈現在分詞＋語句〉が，主語の名詞を修飾する場合の訳し方に気をつけよう。

読むときは
is の前で区切る。

The girl **playing the piano** is Judy.
S └─修飾─┘
└─────主部─────┘

（ピアノをひいている少女はジュディーです。）

入試では 次の文を1か所区切って読む場所を，記号で答えなさい。

❶ The man talking with Jane over there is Mr. Smith.
　　　　　ア　　　　　イ　　　　　ウ　　　　　エ

❷ The boys swimming over there are my friends.
　　ア　　　　　　　　　　　　　　イ　　ウ

② 現在分詞の形容詞的用法と進行形 ★★

> **The girl watching TV is my cousin.**
> （テレビを見ている少女は私のいとこです。）

進行形　　The man **is writing** a letter.
　　　　　　　〈be動詞＋～ing〉（その男性は手紙を書いています。）

形容詞的　The man **writing a letter** is my father.
用法　　　　└──修飾──┘
　　　　　　　　　　　　　　　└─ここまでが主部
　　　　　　　　　　　（手紙を書いている男性は私の父です。）

入試では 形容詞的用法の分詞を含む文を選びなさい。

ア　My uncle is washing his car in the yard.
イ　The children playing cards there are my brothers.

解答 ① ❶エ　❷イ
② イ

得点 UP! ①過去分詞には，名詞を修飾するはたらきがある。
②〈過去分詞＋名詞〉は，「〜された…」と考える。

3 過去分詞のはたらき ★★

I like <u>cooked</u> fish.
（私は調理された魚が好きです。）

これ暗記

①【受動態】be 動詞をともなって受動態を作る。
→ be 動詞＋過去分詞
②【現在完了の形】〈have〔has〕＋過去分詞〉で，現在完了の形に。
→ have ＋過去分詞
③【形容詞】名詞を修飾し，形容詞としてはたらく。
→ boiled eggs （ゆで卵）

入試では 次の（　）の語を適する形にかえなさい。

❶ We are (teach) science by Ms. Tanaka.
❷ I have just (buy) a new bag.

過去分詞は
「〜された」と
いう意味を表すよ。

4 過去分詞の形容詞的用法 ★★★

Let's eat some <u>baked</u> apples.
（焼きりんごを食べましょう。）

単独のときは名詞の前に置かれ，「〜された…」のように名詞を修飾する。
Look at the <u>broken</u> window.
└─修飾─┘
（こわされた窓）

過去分詞（〜された）
＋
名詞
（〜された）

入試では 次の（　）の語を適する形にかえなさい。

❶ That is a (use) car.
❷ We are in front of the (close) door.

解答
3 ❶ taught ❷ bought
4 ❶ used ❷ closed

part 1 文法編
1〜5
6〜12
13〜21
22〜30
31〜36
37〜44
part 2 実戦編
1〜3
4〜14
15〜17
18〜19

29. 分　詞 ③

① 過去分詞の形容詞的用法（後置修飾）★★★

I have a sister named Sally.
（私にはサリーと名づけられた妹がいます。）

 〈過去分詞＋語句〉は名詞を後ろから修飾して，「〜された…」の意味を表す。

I bought a bag made in France.
——修飾——

（私はフランスで作られたかばんを買いました。）

入試では 日本文に合うように，（　）に適する語を入れなさい。

❶ a letter (　　) in English　（英語で書かれた手紙）
❷ a friend (　　) Nick　（ニックと呼ばれている友人）
❸ a picture (　　) by Tom　（トムにとられた写真）

② 〈過去分詞＋語句〉が文中にくる場合の訳し方★★★

The pictures painted by Picasso are very famous.
（ピカソによって描かれた絵はとても有名です。）

〈過去分詞＋語句〉が主語の名詞を修飾する場合の訳し方に気をつけよう。
The language spoken In America is English.
　S　　——修飾——　　V

（アメリカで話されている言語は英語です。）

入試では （　）の語を入れるのに適する場所を，記号で答えなさい。

❶ The car in the country is expensive. (made)
　　ア　　　イ　　　　　　　ウ
❷ The room by Mary was very clean. (used)
　　ア　　　　イ　　　　ウ

解答
① ❶ written　❷ called　❸ taken
② ❶ イ　❷ イ

① 〈過去分詞+語句〉は名詞を後ろから修飾する。
② 現在分詞は「〜している」、過去分詞は「〜された」。

part 1
Ⓢ Ⓥ Ⓒ Ⓞ
文法編

1〜5

6〜12

13〜21

22〜30

31〜36

37〜44

part 2

実戦編

1〜3

4〜14

15〜17

18〜19

③ 過去分詞の形容詞的用法と受動態 ★★

The book written by Mr. Brown is interesting.
（ブラウン氏によって書かれた本はおもしろいです。）

受動態　The shoes **were made** in Italy.
　　　　　〈be 動詞+過去分詞〉（そのくつはイタリアで作られました。）

形容詞的用法　The shoes made in Italy were nice.
　　　　　　　├─修飾─┤└─────ここまでが主部。
　　　　　　（イタリア製のそのくつはよかったです。）

入試では　次の（　）から適する語を選びなさい。

❶ The language (speaking, spoken) here is Chinese.
❷ The house built by these men (is, are) large.

④ 現在分詞と過去分詞の使い分け ★★

What is the language spoken in Mexico?
（メキシコで話されている言語は何ですか。）

ここ重要

| 現在分詞 → | 能動的「〜している…」 |
| | a sleeping baby「眠っている赤ちゃん」 |

| 過去分詞 → | 受動的・完了的「〜された…」 |
| | a broken window「こわされた窓」 |

入試では　次の（　）から適する語を選びなさい。

❶ The dog (running, run) after the cat is Pochi.
❷ This is the computer (using, used) by Ken.

解答　③ ❶ spoken ❷ is
　　　④ ❶ running ❷ used

part 1
文法編

30. 仮定法

月　　日

① 仮定法とは ★

If I were you, I would buy that bag.
（もし私があなたなら、そのバッグを買うでしょう。）

> **ここ注意！** 現在の事実と異なることについて「〜だったら」と仮定して言うときは仮定法を使う。仮定法は〈if や主語＋wish〉を用いて表す。条件を表す if 節は実際に起こる可能性があることを表すので、注意する。

仮定法　If I had time, I would help you.
　　　　　　　　　　（もし時間があれば手伝うのに（＝実際は時間がない））

条件　If I have time, I will help you.
　　　　　　　　（もし時間があれば手伝うだろう（＝時間があるかもしれない））

> **入試では** 次の（　）から適する語を選びなさい。

❶ If I (live, lived) in Japan, I could meet you every day.
（実際は日本に住んでいない）

❷ If it (is, were) sunny, let's go to the park. （晴れる可能性がある）

② I wish 〜の文 ★★

I wish I were a bird.
（私が鳥だったらなぁ。）

> **これ暗記** 〈I wish ＋仮定法〉で「〜だったらなぁ」という現実とは異なる願望を表す。wish のあとに接続詞の that が省略されていると考える。

I wish I were you. （私があなただったらなぁ。）
　　　　　仮定法（主語＋were）

I wish I had enough money. （私が十分なお金を持っていたらなぁ。）
　　　　　仮定法（主語＋動詞の過去形）

> **入試では** 日本文に合うように、（　）に適する語を入れなさい。

❶ I wish she (　　　) to the party. （彼女がパーティに来てくれたらなぁ。）
❷ I wish he (　　　) my brother. （彼が私の兄だったらなぁ。）

解答
① ❶ lived ❷ is
② ❶ came ❷ were

①仮定法は現在の事実とは異なることを表す。
②仮定法では主語が何であっても be 動詞は were を使う。

❸ **If I were ～ , I would〔could〕... の文**★★

> **If I were you, I would stay home today.**
> （もし私があなたなら，今日は家にいるでしょう。）

〈If + 主語 + were ～，主語 + would〔could〕+ 動詞の原形〉。If のあとに〈主語 + be 動詞〉が続く場合，主語が何であっても were を使う。

If I were you, I would study English harder.
（英語をより熱心に勉強するでしょう）
If she were fine, we could go on a picnic today.
（ピクニックに行くことができるでしょう）

起こりうることの場合は was を用いることもあるよ。

入試では▶ 次の（　）から適する語を選びなさい。

❶ If he (was, were) my brother, I (would, will) be happy.
❷ If they (was, were) good at speaking Japanese, I (can, could) communicate with them.

❹ **If I had ～ , I would〔could〕... の文**★★

> **If I had time, I would visit you.**
> （もし時間があればあなたを訪ねるでしょう。）

〈If + 主語 + 動詞の過去形，主語 + would〔could〕+ 動詞の原形〉

If I knew him, I would ask him for help. （彼に助けを求めるでしょう）

入試では▶ 日本文に合うように，（　）に適する語を入れなさい。

❶ If I (　) a smartphone, I (　) call you now.
（スマホを持っていたら電話するのに）
❷ If you (　) the piano, you (　) join the concert.
（ピアノを弾くなら参加できるのに）

❸ ❶ were, would　❷ were, could
❹ ❶ had, would　❷ played, could

part 1
Ⓢ Ⓥ Ⓒ
文法編
1～5
6～12
13～21
22～30
31～36
37～44

part 2
実戦編
1～3
4～14
15～17
18～19

| 30 | 仮定法　71

入試直前確認テスト ④

1 次の（　）の語を適する形にかえなさい。

☐ ❶ I know the man (talk) with Mary over there.

☐ ❷ I have a cousin (name) Nancy.

☐ ❸ Jane has an uncle who (like) history.

☐ ❹ Look at the (rise) sun.

☐ ❺ English is a language (speak) in many parts of the world.

〔岡山〕

2 各組の2文が同じ内容になるように，（　）に適する語を入れなさい。

☐ ❻ { I have a friend living in England.
　　 { I have a friend (　　) (　　) in England.

☐ ❼ { This is a window which was broken by Bob.
　　 { This is a window (　　) (　　) Bob.

☐ ❽ { I don't have time, so I can't meet her.
　　 { If I (　　) time, I (　　) meet her.

☐ ❾ { Did he catch this fish?
　　 { Is this the fish which was (　　) by him?

〔長崎〕

-------------------- ✦ ヒント --------------------

❶「私は向こうでメアリーと話している男の人を知っています。」〈現在分詞＋語句〉が man を修飾。　❸「ジェーンには歴史が好きなおじさんがいます。」who のあとの動詞は先行詞に合わせる。　❹「昇っている太陽を見て。」❺「英語は世界の多くの地域で話されている言語です。」〈過去分詞＋語句〉が language を修飾。　❻「私には英国に住んでいる友だちがいます。」　❼「これはボブに割られた窓です。」❽「時間がないので彼女に会うことができません。」を仮定法を用いて表す。　❾「彼はこの魚を捕まえましたか。」＝「これは彼によって捕まえられた魚ですか。」

解答 ❶ talking ❷ named ❸ likes ❹ rising ❺ spoken
❻ who lives ❼ broken by ❽ had, could ❾ caught

③ 日本文に合うように，（ ）の語（句）を並べかえ，記号で答えなさい。

□ ⑩ 台所で料理をしている女の子は私の妹です。

The girl (ア my sister　イ in　ウ cooking　エ is
オ the kitchen).

□ ⑪ あなたといっしょに夕食を食べることができたらなあ。

I (ア have　イ I　ウ could　エ dinner　オ wish) with you.

□ ⑫ あれはあなたが長い間ほしかった自転車ですか。

Is that (ア long　イ you've　ウ for　エ time　オ the bike
カ a　キ wanted)?

④ （ ）内の指示にしたがって書きかえなさい。

□ ⑬ The house is mine. It has a large garden.
（関係代名詞を使って1文に）

□ ⑭ Is that woman your mother? She is talking with my sister.
（分詞を使って1文に）

□ ⑮ I don't speak Japanese. （I wish を使って同じ意味の文に）

記述 ⑤ 次の指示に従って英文を書きなさい。

□ ⑯ 「あなたがオーストラリアでとった写真は美しい」と感想を言うとき。

The pictures that _____.

- - - - - - - - - - - - - - ヒント - - - - - - - - - - - - - -
⑩名詞 girl を後ろから修飾する〈現在分詞＋語句〉の用法。　⑪ wish を用いた仮
定法の文。　⑫目的格の関係代名詞が省略されている。　⑬先行詞は The house。
⑭名詞 woman を後ろから修飾する〈現在分詞＋語句〉の用法。　⑯先行詞が主語で
関係代名詞 that を用いる文にする。

- -
解答 ⑩ ウイオエア　⑪ オイウアエ　⑫ オイキウカアエ

⑬ The house which〔that〕has a large garden is mine.

⑭ Is that woman talking with my sister your mother?

⑮ I wish I spoke Japanese.

⑯ you took in Australia are beautiful

31. 文　型　①

① 文の基本要素★

```
I like soccer.
（私はサッカーが好きです。）
```

ここ重要 文の基本要素は主語・動詞・目的語・補語の 4 つ。

主語	S	「～は，～が」
動詞	V	「～する」動作・状態を表す。
目的語	O	「～を，～に」
補語	C	主語や目的語の状態を説明。

S, V, O, C の
組み合わせで
文ができる。

入試では 次の文の主語を答えなさい。

❶ My father plays golf once a month.
❷ There is a dog under the chair.
❸ The news made Judy happy.

There is [are]～
では is [are]の
あとにくる名詞が
主語になる!

② 〈SV〉の文型★★

```
They live in San Francisco.
（彼らはサンフランシスコに住んでいます。）
```

主語と動詞だけで成り立つ文で，修飾語句をともなうことが多い。
Mike runs. （マイクは走ります。）
　S　　V
Jane swims very fast.
　S　　V　　修飾語句
（ジェーンはとても速く泳ぎます。）

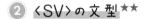

●修飾語句 の例

in the park　at ten
very well　　in London

入試では 次の文の動詞を答えなさい。

❶ I go to school every day.
❷ One of my friends runs fast.

解答 ① ❶ My father ❷ a dog ❸ The news
② ❶ go ❷ runs

得点 **UP!** ①〈SVC〉では S = C の関係にある。
②目的語は「〜を，〜に」にあたる語である。

③ **〈SVC〉の文型★★**

> **John <u>became</u> a doctor.**
> （ジョンは医者になりました。）

ここ重要 〈主語＋動詞＋補語〉で成り立つ文。補語は主語を説明
するはたらきをし，主語＝補語の関係にある。

Jane is a pianist. (Jane = a pianist)

S　V　C
　＝

My hobby is to ski. (My hobby = to ski)

S　　　　V　C
　＝　　　　　　→不定詞（名詞的用法）

● **補語になる語**
・代名詞　・名詞
・形容詞　・動名詞
・不定詞

入試では 次の文の補語を答えなさい。

❶ Seeing is believing.　❷ Mary looks happy.

④ **〈SVO〉の文型★★**

> **I <u>know</u> his name.**
> （私は彼の名前を知っています。）

〈主語＋動詞＋目的語〉で成り立つ文。

I like **animals** very much.

S　V　O(〜を)　（修飾語句）

I want **to buy a bag.**

S　V　　O　→不定詞（名詞的用法）

入試では 次の文の目的語を答えなさい。

❶ He studied history last night.
❷ I like to read books.

目的語は動詞の
表す動作の対象と
なる語だよ。

解答 ③ ❶ believing ❷ happy
④ ❶ history ❷ to read books

右側インデックス：

part 1 〈SVO〉文法編

1〜5
6〜12
13〜21
22〜30
31〜36
37〜44

part 2 実戦編

1〜3
4〜14
15〜17
18〜19

32. 文 型 ②

① 〈SVO〉の O が「節」の場合 ★★★

> **I think that he is studying.**
> （私は彼は勉強していると思います。）

ここ重要 動詞の目的語に節がくる場合がある。

I know that Mary is very kind.
S　V　　　O └→that 節
（私はメアリーがとても親切だと知っています。）

> that 節は
> 「〜ということ」
> という意味。

入試では SVO の文を選びなさい。

ア　I studied very hard last night.
イ　She feels that Japanese food is good.

② 〈SVC〉の文と〈SVO〉の文のちがい ★★★

> **I made some cookies yesterday.**
> （私は昨日クッキーを作りました。）〈SVO の文〉

He got tired. (He = tired)
S　V　　C　（彼は疲れました。）
　　　=

> C(補語)は
> 主語を説明する。

ここ注意! 主 語＝補 語，主 語≠目 的 語 の関係。

He got a letter. (He ≠ a letter)
S　V　　O　（彼は手紙をもらいました。）

> SとイコールになればCだよ。

入試では 下線部が O か C か答えなさい。

❶ I feel sick today.
❷ He carried a heavy box.

 解答 ❶ イ　❷❶ C　❷ O

part
1
(S)(V)(O) 文法編

1～5
6～12
13～21
22～30
31～36
37～44

part
2
実践編

1～3
4～14
15～17
18～19

 得点UP!

① 〈SVOO〉の文の間接目的語には、ふつう「人」がくる。
② 〈SVO＋to〔for〕～〉のto か for かは、動詞で決まる。

③ 〈SVOO〉の語順 ★★★

Mr. Smith teaches us English.
（スミス氏は私たちに英語を教えてくれます。）

これ暗記 〈主語＋動詞＋間接目的語＋直接目的語〉の語順で、間接目的語（～に）には「人」が、直接目的語（～を）には「物」がくる。

He gave me a flower. （彼は私に花をくれました。）
S V O(～に) O(～を)
   （間接目的語）（直接目的語）

入試では 次の（ ）から適する語（句）を選びなさい。

❶ I told （ア her イ she） the story.
❷ She shows （ア her pictures us イ us her pictures）.

④ 〈SVOO〉と〈SVO＋to〔for〕～〉の書きかえ ★★★

I told the story to Bill.
（私はその話をビルに話しました。）

ここ注意！ 〈SVOO〉の文は、〈S＋V＋直接目的語＋to〔for〕＋間接目的語〉の文に書きかえられる。

● 〈SVO＋to～〉となる動詞

give send tell
show teach lend など

● 〈SVO＋for～〉となる動詞

buy cook make など

I gave Jane a book.
S V O   O
I gave a book to Jane.
S V O

入試では 日本文に合うように、2通りの文を作りなさい。

父は私にピアノを買ってくれました。
❶ My father bought （   ）（   ）（   ）.
❷ My father bought a （   ）（   ）（   ）.

解答 ③ ❶ ア ❷ イ ④ ❶ me a piano ❷ piano for me

33. 文 型 ③

1 〈SVO + 疑問詞 + to 〜〉の文 ★★★

> **Fred taught me what to study.**
> （フレッドは私に何を勉強したらよいか教えてくれました。）

〈SVOO〉の文では，直接目的語に〈疑問詞 + to 〜〉の形がくることがある。

She showed me how to swim.
　S 　　v 　　o 　　　o
（彼女は私にどうやって泳ぐか見せてくれました。）

He told her what to do.
　S 　v 　o 　　o
（彼は彼女に何をすべきか言いました。）

to のあとには
動詞の原形が
続くよ。

入試では▶ 日本文に合うように，(　) に適する語を入れなさい。

❶ Tell me (　　) (　　) start. （いつ出発したらよいかを）
❷ I told you (　　) (　　) write. （何を書けばよいかを）
❸ She shows me (　　) (　　) dance. （ダンスのしかたを）

2 〈SVOC〉の文 (1) ★★★

> **She named her baby Nancy.**
> （彼女は赤ちゃんをナンシーと名づけました。）

ここ重要
〈SVOC〉の文では目的語のあとに補語がきて，補語は目的語を説明する。したがって O ＝ C の関係が成り立つ。

We call him Jim. （him = Jim）
　S 　v 　o 　C
（私たちは彼をジムと呼びます。）

入試では▶ 次の文の補語を答えなさい。

❶ My parents call me Ken.
❷ They named their baby Nancy.

解答
1 ❶ when to ❷ what to ❸ how to
2 ❶ Ken ❷ Nancy

part
1
S
V
C
O
文法編

1〜5
6〜12
13〜21
22〜30
31〜36
37〜44

part
2
実戦編

1〜3
4〜14
15〜17
18〜19

得点 UP! ① 〈SVOC〉の文のOとCはO=Cの関係にある。
② make には「〜を…にする」の意味がある。

③ 〈SVOC〉の文 (2)★★★

The game made me excited .
（その試合は私を興奮させました。）

これ暗記

〈SVOC〉の重要動詞
call 「〜を…と呼ぶ」
name 「〜を…と名づける」
make 「〜を…にする」
keep 「〜を…にしておく」

I made my son a doctor.
<u>I</u> <u>made</u> <u>my son</u> <u>a doctor.</u>
S   V   O   C
（私は息子を医者にしました。）

<u>Keep</u> <u>your desk</u> <u>clean.</u>
 V   O   C
（机をきれいにしておきなさい。）

入試では 次の（ ）内の語（句）を並べかえなさい。

❶ (ア the window イ kept ウ closed エ we).
❷ (ア Jun イ my friends ウ me エ call).
❸ (ア his イ he ウ daughter エ made) a TV star.

④ 〈SVOO〉と〈SVOC〉★★★

My teacher made me a captain .
（先生は私をキャプテンにしました。）〈SVOC の文〉

ここ重要
〈SVOC〉の文ではO=Cの関係が成立するが、〈SVOO〉の文ではO=Oは成立しない。

<u>She</u> <u>made</u> <u>me</u> <u>happy.</u>   (me = happy)
 S   V   O   C   （彼女は私を幸せにしました。）

<u>She</u> <u>made</u> <u>me</u> <u>a bag.</u>   (me ≠ a bag)
 S   V   O   O   （彼女は私にかばんを作ってくれました。）

入試では 〈SVOC〉の文を選びなさい。

ア Let's call her Alice.
イ What made you happy?
ウ My father made me a chair.

解答 ③ ❶エイアウ ❷イエウア ❸イエアウ
④ ア, イ

34. 時制の一致

① that 節の時制 (1)★★★

> **I heard that Ken liked music.**
> （私はケンが音楽が好きだと聞きました。）

ここ重要　主節の動詞が過去形になると、that 節の動詞も<u>過去形</u>になる。

現在　I think that he knows the news.

過去　I thought that he knew the news.　（私は彼はそのニュースを
　　　　└──時制の一致──┘　　　　　　　　　知っていると思いました。）

入試では　次の（　）の語を適する形にかえなさい。

❶ I knew that Mary (want) a new camera.
❷ I thought that I (can) go to the United States.

② that 節の時制 (2)★★★

> **I thought that he would come home soon.**
> （私は彼はすぐに帰宅するだろうと思いました。）

that 節が未来形や進行形の場合の時制に気をつけよう。

現在　I know that she will visit us.
　　　　　　　　　　　　└── will の過去形は would。

過去　I knew that she would visit us.

現在　I hear that Ken is running.
　　　　　　　　　　　└── is の過去形は was。

過去　I heard that Ken was running.

入試では　次の（　）から適する語を選びなさい。

❶ I didn't know that he (is, was) studying.
❷ I found that he (would, will) not go to school.

解答　① ❶ wanted ❷ could
　　　　② ❶ was ❷ would

得点 **UP!** ①主節が過去時制のとき，従属節の時制も過去にする。
②未来を表す助動詞 will の過去形は would である。

part **1**
(S V O) 文法編

1〜5
6〜12
13〜21
22〜30
31〜36
37〜44

part **2**
実戦編

1〜3
4〜14
15〜17
18〜19

③ 関係代名詞節中の時制★★★

I met a girl who ran very fast.
（私はとても速く走る少女に会いました。）

主節の動詞が過去の場合，関係代名詞節の動詞も過去にする。

現在 I know the man who teaches French.

過去 I knew the man who taught French.
（私はフランス語を教えている人を知っていました。）

入試では 次の（　）から適する語を選びなさい。

❶ I knew the woman who (is, was) singing on the stage.
❷ We enjoyed dinner which you (cook, cooked).

④ 間接疑問の時制★★★

I didn't know where they lived.
（私は彼らがどこに住んでいるのか知りませんでした。）

間接疑問は従属節なので，主節の動詞が過去の場合，間接疑問の動詞も過去になる。

現在 I know what this is.

過去 I knew what this was.
（私はこれが何なのか知っていました。）

> 間接疑問の語順
> 〈主節＋疑問詞＋S＋v〉

入試では 文法的に正しい文を選びなさい。

ア I heard who he is.
イ I knew why you studied hard.

解答 ③ ❶ was ❷ cooked
④ イ

35. 間接疑問 ①

① 間接疑問の形 ★★

> **Mike knows <u>what</u> this is.**
> （マイクはこれが何かを知っています。）

これ暗記 〈I know（など）＋疑問詞＋主語＋<u>動詞</u>〜.〉の疑問詞以下を間接疑問と言う。

```
        What is this?
         ↓    ✕
I know  what this is. （私はこれが何かを知っています。）
S  V         O
```

疑問詞のあとの
語順に注意！

入試では▶ 次の（　）から適する語句を選びなさい。

① Judy tells me who（ア is he　イ he is）.
② Do you know what time（ア is it　イ it is）?

② 間接疑問の文末の符号 ★★

> **Do you know <u>what</u> that is?**
> （あなたはあれが何かを知っていますか。）

ここ重要 <u>主節</u>が疑問文のとき、クエスチョンマーク〈<u>?</u>〉をつける。

主節	間接疑問
I know	who she is.
I don't know	who she is.
Do you know	who she is?

文末の符号は主節
で決まる。

入試では▶ 〈?〉が必要な文を次から選びなさい。

ア　Does she know what animal this is
イ　Jane asked who that girl was

解答 ①①イ ②イ　②ア

①間接疑問は、主節の動詞の目的語になる。
②間接疑問では、動詞の形に注意すること。

part 1 ⓢⓋⓄ 文法編

1〜5
6〜12
13〜21
22〜30
31〜36
37〜44

③ 疑問詞のあとが一般動詞の場合の間接疑問の語順 ★★★

I don't know what he wants .
（私は彼が何をほしがっているのかを知りません。）

What does she like?
I know what she likes.
〈疑問詞＋S＋V〉 ┗ -s をつける
（彼女が何を好きかを知っています。）

What did he see?
I know what he saw.
〈疑問詞＋S＋V〉 ┗ 過去形
（彼が何を見たのかを知っています。）

☞ ここ注意！ 間接疑問の主語が3人称単数のときや、過去の文のときは、動詞の形に注意する。

入試では▶ 次の（ ）から適する語（句）を選びなさい。

❶ I know what he (did buy, bought).
❷ He remembers what this word (mean, means).

④ 疑問詞のあとが助動詞の場合の間接疑問の語順 ★★★

Bob knows what his sister can cook .
（ボブは彼の姉が何を料理できるかを知っています。）

What can he do?
I know what he can do.
〈疑問詞＋主語＋助動詞＋動詞〉
（私は彼が何ができるのかを知っています。）

● 助動詞の位置
肯定文の語順。主語と動詞の間に置く。

入試では▶ 次の（ ）から適する語句を選びなさい。

❶ I know what （ア can she イ she can) draw.
❷ Do you know what （ア will he イ he will) sing?

 ③ ❶ bought ❷ means ④ ❶イ ❷イ

月　日

36. 間接疑問 ②

1 疑問詞 what が主語の場合の間接疑問の語順 ★★★

I know <u>what</u> happened yesterday.
（私は昨日，何が起こったのか知っています。）

ここ重要
間接疑問になっても what 以下の語順は変わらないので，
〈what(主語)+動詞～〉の順になる。
　　　　What is on the desk? 〈what が主語〉
I know <u>what</u> is on the desk.
　　　　　　　動詞　　　　　　（私は机の上に何があるのか知っています。）

入試では
日本文に合うように，( )に適する語を入れなさい。
❶ I know (　　　) (　　　) in the room.（部屋の中に何がいるのか）
❷ Do you know (　　　) (　　　) her sad?（何が彼女を悲しくさせたのか）

2 疑問詞 who が主語の場合の間接疑問の語順 ★★★

Jack doesn't know <u>who</u> called him.
（ジャックはだれが彼に電話したのか分かりません。）

ここ重要
間接疑問になっても who 以下の語順は変わらないので，
〈who(主語)+動詞～〉の順になる。
　　　　Who came here? 〈who が主語〉
I don't know <u>who</u> came here.
　　　　　　　動詞　　　　　（私はだれがここに来たのか知りません。）

入試では
次の( )から適する語句を選びなさい。
❶ Tell me （ア who went　イ who did go） to the library.
❷ I know （ア who is that man　イ who that man is）.

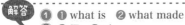

解答
1 ❶ what is　❷ what made
2 ❶ ア　❷ イ

③ 疑問詞 when, where, why などを用いた間接疑問の語順 ★★★

> **I want to know <u>when</u> she came back.**
> （私は彼女がいつもどってきたのか知りたいです。）

これ暗記　when, where, why なども間接疑問で用いられ，〈疑問詞＋主語＋動詞〜〉の語順になる。
　　　I know <u>where he lives</u>.　　　　〈when ＋ S ＋ V〉「いつ〜か」
　　　　　〈疑問詞＋ S ＋ v〉　　　　　〈why ＋ S ＋ V〉「なぜ〜か」
　　　（私は，彼がどこに住んでいるのか知っています。）

入試では　日本文に合うように，（　）に適する疑問詞を入れなさい。

❶ I know (　　　) he came here.
　（なぜ彼がここへ来たのか）
❷ I want to know (　　　) she visited me.
　（いつ彼女が訪ねてきたのか）

④ 間接疑問の中の時制の一致 ★★★

> **Mary asked me <u>where</u> I <u>lived</u>.**
> （メアリーは私がどこに住んでいるのかたずねました。）

主節が過去の場合，間接疑問の動詞も<u>過去</u>にし，時制を一致させる。
現在　 I know what he has.
↓　　　↓　　　　　　↓
過去　 I knew what he had.
　　　└─時制の一致─┘
　　　（私は彼が何を持っているのか知っていました。）

入試では　次の（　）内の語を並べかえなさい。　　　日本語の訳し方に注意しよう！

❶ She understood（ア felt　イ why　ウ I　エ sad）.
❷ He didn't（ア was　イ know　ウ I　エ where）.

解答　③ ❶ why　❷ when
　　　　 ④ ❶ イウアエ　❷ イエウア

入試直前確認テスト ⑤

1 日本文に合うように，（　）に適する語を入れなさい。

☐ ❶ 私の母は私に辞書を買いました。

My mother (　　　) (　　　) a dictionary.

☐ ❷ 私は彼女がネコが好きだと知っていました。

I (　　　) she (　　　) cats.

☐ ❸ 彼らは彼らの妹をみっちゃんと呼びます。

They (　　　) (　　　) sister Mitchan.

☐ ❹ あなたは赤いバッグを持った女性を見ましたか。

(　　　) you see the woman who (　　　) a red bag?

☐ ❺ 私は彼が今日訪ねてくるだろうと思っていました。

I (　　　) he (　　　) visit me today.

☐ ❻ 先生は私たちに何を読むべきか教えてくれました。

The teacher taught us (　　　) (　　　) read.

2 日本文に合うように，（　）内の語（句）を並べかえ，記号で答えなさい。

☐ ❼ 彼のことばはいつも私を幸せにします。

(ア always　イ me　ウ his words　エ happy　オ make).

☐ ❽ あなたは彼に手紙を送りましたか。

Did (ア him　イ to　ウ a letter　エ send　オ you)?

----- ▶ ヒント -----

❶ SVOO の文。　❷「知っていた」と過去形になっていることに注意。　❸ SVOC の文。　❺ 訪ねてくる「だろう」と過去のある時点での予測について述べていることに注意。　❻ SVOO の 2 つ目の O が「何を読むべきか」にあたる。　❽ 選択肢に to があることに注意。

解答 ❶ bought me　❷ knew, liked　❸ call their　❹ Did, had
❺ thought, would　❻ what to　❼ ウアオイエ
❽ オエウイア

☐ ⑨ 机の下から弟の描いた絵が何枚か出てきました。

I found (ア by　イ pictures　ウ my brother　エ drawn

オ some) under the desk.

☐ ⑩ あなたは昨晩，だれがパーティに来たか覚えていますか。

Do (ア remember　イ to　ウ who　エ the party　オ you

カ came) last night?

☐ ⑪ 私は姉がどこへ行ったか知りません。

I (ア know　イ gone　ウ my sister　エ don't　オ has

カ where).

③ 次の文の目的語を答えなさい。

☐ ⑫ I made some cookies for Jane.

☐ ⑬ All the students call him Bob.

☐ ⑭ He plays baseball every day.

☐ ⑮ My grandmother gave me an old camera.

記述 ④ 次の指示にしたがって英文を書きなさい。

☐ ⑯ 「私は昨日だれに会ったか覚えていない」と友だちに言うとき。

_____

- - - - - - - - - - - - - 🎗ヒント - - - - - - - - - - - - -

⑨「弟の描いた絵」は分詞を使って表す。　⑪選択肢に has と gone があるので「結果」を表す現在完了形の文が入るとわかる。　⑫「私はジェーンにいくつかのクッキーを作りました」　⑬「すべての生徒は彼をボブと呼びます」　⑭「彼は毎日野球をします」　⑮「私の祖母は私に古いカメラをくれました」　⑯時制に注意。「覚えていない」のは現在のこと，「会った」のは過去のこと。

- - - -

解答 ⑨ オイエアウ　⑩ オアウカイエ　⑪ エアカウオイ

⑫ some cookies　⑬ him　⑭ baseball

⑮ me, an old camera

⑯ I don't remember who I met yesterday.

37. 接続詞 ①

① 接続詞の種類★

> **I like him because he is kind.**
> （彼は親切なので私は彼が好きです。）

これ暗記
- 等位接続詞
  and, or, but
- 従属接続詞
  when, if, because,
  that, though など

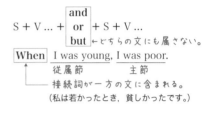
S＋V ... ＋ [and / or / but] ＋S＋V ...
←どちらの文にも属さない。

When I was young, I was poor.
従属節　　　　　主節
接続詞が一方の文に含まれる。
（私は若かったとき，貧しかったです。）

入試では 次の（　）にand, but, or のうち，適するものを入れなさい。

❶ I like tea (　　) I don't like coffee.
❷ I like both swimming (　　) skating.

② 接続詞 that の意味と用法★★★

> **I know that Susan can speak French.**
> （私はスーザンがフランス語を話せることを知っています。）

〈that ＋主語＋動詞〜〉の形で「〜ということ」の意味。動詞 think など
の目的語になる。

I think that Ken is kind.
S　v　　　O
└think の目的語
（私はケンは親切だと思います。）

> that 節を目的語にと
> る動詞には know, hope,
> hear, say などがある。

入試では 接続詞の that を含む文を選びなさい。

ア　Kate is a student that studies Japanese hard.
イ　Mary says that she is from New Zealand.

- -

解答
① ❶ but ❷ and
② イ

得点UP! ① 〈接続詞 that ＋主語＋動詞〜〉はひとまとまり。
② 接続詞 that は省略できる。

part
1
Ⓢ Ⓒ
Ⓥ Ⓞ
文法編

1〜5

6〜12

13〜21

22〜30

31〜36

37〜44

part
2
実戦編

1〜3

4〜14

15〜17

18〜19

③ 接続詞 that の省略★★★

I think Lucy likes animals.
（私はルーシーは動物が好きだと思います。）

that はよく省略されるが，文の意味に変わりはない。

I hear that Bill is sick.   Do you think that he swims fast?
    ↓省略   ↓省略
= I hear [____] Bill is sick.   = Do you think [____] he swims fast?
（ビルは病気だそうです。）   （彼は速く泳ぐと思いますか。）

入試では that が省略されている場所を記号で答えなさい。

❶ I hope it will be fine tomorrow.
   ア   イ   ウ

❷ Ken says in his letter his mother is busy.
   ア   イ   ウ

④ that 節の時制★★★

Bob knew that Mary was in London.
（ボブはメアリーがロンドンにいるのを知っていました。）

ここ重要
主節の動詞が過去形になると，that 節の動詞も過去形になる。これを時制の一致と言う。

現在 He says that he is hungry.（彼は空腹だと言います。）
   主節 ┘   that 節 ┘
過去 He said that he was hungry.（彼は空腹だと言いました。）

入試では 次の（ ）内の語（句）を並べかえなさい。

❶ I heard （ア busy　イ was　ウ that　エ Keiko）.
❷ He knew （ア the violin　イ Jane　ウ could　エ play）.

解答 ③ ❶ア ❷イ
④ ❶ウエイア ❷イウエア

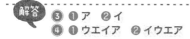

38. 接続詞 ②

① 「時」を表す接続詞 ★★

After I did my homework, I played a video game.
（私は宿題をしたあとで，テレビゲームをしました。）

= I played a video game **after** I did my homework.
after, when などの時を表す接続詞は，副詞節を導く。
主節と従属節は順序が入れかわっても文の意味は同じ。

A after B.
After B, A.
└コンマ
（B した
あとで A）

これ暗記 ●時を表す接続詞

when（～のとき），before（～する前に）
while（～する間に），after（～したあとで）
until（～するまで），since（～以来，～から）

入試では when を入れるのに適する場所を答えなさい。

It was raining I got up this morning.
　ア　　　　イ　　　ウ

② 「条件」を表す接続詞 ★★

If you have problems, I'll help you.
（もし問題があれば，私はあなたを助けます。）

if は「もし～ならば」と条件を表し，副詞節を導く。
If you are free, let's go shopping.
従属節（副詞節）↑　　　主節
　　　　└コンマ

if 節は前にも後ろにも置くことができる。

= Let's go shopping **if** you are free.
（もしひまなら，買い物に行きましょう。）

入試では 日本文に合うように，（　）に適する語を入れなさい。

もし急いだら，あなたはその列車に乗ることができるでしょう。
（　）you（　）up, you'll（　）the train.

解答
① イ
② If, hurry, catch

① when や if などの節は文の前にも後ろにも置ける。
② 時や条件を表す副詞節の中では，未来形は用いない。

③ 「時」や「条件」を表す接続詞の文の時制 ★★

If it is fine tomorrow, I'll climb Mt. Fuji.
（もし明日晴れたら，私は富士山に登るつもりです。）

 ここ注意！ 「時」や「条件」を表す接続詞（when, until, before, after, if など）が導く節では，未来のことも現在形で表す。

I'll start **when** he **comes**.　（彼が来たら出発します。）
　　　　＜時＞　　　└現在形
If it **is** fine tomorrow, let's swim.　（明日晴れたら泳ぎましょう。）
＜条件＞└現在形

入試では ▶ 次の（　）から適する語（句）を選びなさい。

❶ We will wait until he (will come, comes) home.
❷ Please write to me when you (will get, get) to Paris.

④ 「理由」を表す接続詞 ★★

Children can read this book because it is easy.
（この本はやさしいから子供も読めます。）

 because は「〜だから」と原因や理由を表し，副詞節を導く。

Why 〜? 「なぜ〜か」の問いに答えるときにも because を使う。
Why were you absent from school?
── Because I was sick.

入試では ▶ 次の英文を日本語にしなさい。

❶ Because I had a headache, I was absent from school.
　私は（　　　　　），学校を休みました。
❷ I can't help you because I'm too busy.
　私は（　　　　　），あなたを手伝うことができません。

 解答 ③ ❶ comes ❷ get　④ ❶ 頭が痛かったので ❷ とても忙しいので

part
1
Ⓢ Ⓥ Ⓒ
文法編
1〜5
6〜12
13〜21
22〜30
31〜36
37〜44
part
2
実戦編
1〜3
4〜14
15〜17
18〜19

39. 接続詞 ③

① 「譲歩」を表す接続詞 ★★

> **Mr. Brown runs fast though he is very old.**
> （ブラウンさんはたいへん年をとっているけれども、速く走ります。）

これ暗記　though, although は、「〜だけれども」と譲歩の意味を表す。but を用いた文とのちがいに気をつけよう。

Mike is happy **though** he is poor.
（マイクは貧しいけれども、幸せです。）
= Mike is poor **but** he is happy.

A though B
||
B but A

入試では▶ 次の（　）から適する語を選びなさい。

❶ He climbed the mountain （ア if　イ though) he was ill.

❷ （ア If　イ Although) she is rich, she isn't happy.

② so 〜 that ... の文 ★★★

> **She studied so hard that she passed the test.**
> （彼女はとても熱心に勉強したので、試験に合格しました。）

これ暗記　so 〜 that ... は接続詞のはたらきをし、「とても〜なので…」の意味を表す。

that 以下に can't(couldn't) がある場合, too 〜 to... の文に書きかえられる。

He is **so** tired **that** he can't walk.
He is **too** tired **to** walk.　　　　（彼はたいへん疲れているので歩けません。）

入試では▶ 日本文に合うように、2 通りの文を作りなさい。

彼はとてもおなかがすいていたので働けませんでした。

❶ He was (　　) hungry (　　) he (　　) work.

❷ He was (　　) hungry (　　) work.

 解答　❶ ❶イ　❷イ　　② ❶ so, that, couldn't　❷ too, to

① though と but の使い方のちがいに注意。
② as soon as ～は「～するとすぐに」の意味。

part
1
文法編

1～5
6～12
13～21
22～30
31～36
37～44

part
2
実戦編

1～3
4～14
15～17
18～19

③ as soon as ～の文 ★★★

Call me as soon as you arrive at the station.
（駅に着いたらすぐに電話してください。）

これ暗記 as soon as ～は「<u>～するとすぐに</u>」の意味で時を表す。

As soon as he saw me, he ran away.
　<u>　　副詞節　　</u>
（彼は私を見るとすぐに逃げました。）

as soon as は 3 語で
接続詞のはたらきをする。

入試では 日本文に合うように，（　）に適する語を入れなさい。

彼は野球を終えるとすぐに帰宅しました。
He went home (　) (　) (　) he finished playing baseball.

④ between ～ and ... の文 ★★★

John is sitting between Alice and Jane.
（ジョンはアリスとジェーンの間に座っています。）

これ暗記 between A and B は「<u>A と B の間に</u>」の意味で，A と B には
対等な関係の語（句）がくる。

My house is **between** a bank **and** a restaurant.
（私の家は銀行とレストランの間にあります。）

between

a bank　my house　a restaurant

入試では 日本文に合うように，（　）に適する語を入れなさい。

私は日本の文化とアメリカの文化のちがいを知りたいです。
I'd like to know the difference (　) Japanese culture (　) American culture.

- -
解答 ③ as soon as　④ between, and

40. 接続詞 ④

1 both ～ and ... の文 ★★★

> **Both** Sam **and** I are students.
> （サムも私も（両方とも）学生です。）

both A and B は「AもBも両方とも」の意味で、AとBには対等の関係の語（句）がくる。both A and B は複数扱い。

Bob likes animals. ＋ Jane likes animals.
Both Bob **and** Jane like animals. （ボブもジェーンも動物が好きです。）
┗ s がつかない

「両方とも」だから複数扱いだよ。

入試では 次の（　）から適する語を選びなさい。

❶ Both Jim and Tom (get, gets) up early.
❷ Jiro studies (between, both) English and math.

2 either ～ or ... の文 ★★★

> **You** can choose **either** coffee **or** tea.
> （あなたはコーヒーか紅茶のどちらかを選ぶことができます。）

either A or B は「AかBのどちらか」の意味で、AとBには対等の関係の語（句）がくる。主語の場合は動詞はBに合わせる。

Either you or Ken is wrong.
　　　 A　　　 B　 ┗Ken に合わせる。
（君かケンのどちらかが間違っています。）

入試では 次の（　）から適する語を選びなさい。

❶ You can eat either a cake (and, or) a banana.
❷ Both Mary (and, or) I must help him.

解答 1 ❶ get ❷ both
2 ❶ or ❷ and

得点 UP!
① both ～ and ... は、主語になる場合は複数扱い。
② not only ～ but also ... の also はよく省略される。

③ not only ～ but also ... の文 ★★★

Not only Bob **but also** Nancy helped me.
（ボブだけでなくナンシーも私を助けてくれました。）

これ暗記 not only A but also B は「A だけでなく B も」の意味を表す。
A と B には対等の関係の語(句)がくる。主語の場合は動詞は B に合わせる。

She lent me **not only** a book **but also** a dictionary.
（本だけでなく辞書も）

入試では 日本文に合うように、( )に適する語を入れなさい。

弟だけでなく妹も熱心に勉強しています。
Not ( ) my brother ( ) also my sister ( ) studying hard.

④ 〈命令文，+ and〔or〕...〉の文 ★★★

Hurry up, and you'll catch the train.
（急ぎなさい、そうすれば電車に間に合うでしょう。）

ここ重要
〈命令文，+ and ...〉=「～しなさい、そうすれば…」
〈命令文，+ or ...〉=「～しなさい、さもないと…」
Study hard, **and** you will be a doctor.
（一生懸命勉強しなさい、そうすれば医者になれるでしょう。）
Run fast, **or** you will miss the bus.
（速く走りなさい、さもないとバスに乗り遅れますよ。）

入試では 次の( )から適する語を選びなさい。

❶ Practice hard, (and, or) you'll win the game.
❷ Get up early, (and, or) you'll be late for school.

解答 ③ only, but, is
④ ❶ and ❷ or

41. 前置詞 ①

1 〈前置詞＋名詞〉のはたらき ★★

> **We go swimming <u>in</u> summer.**
> （私たちは夏に泳ぎに行きます。）

〈前置詞＋名詞〉の形で場所や時などを表す。

I was born **in London.**
（私はロンドンで生まれました。）

ここ注意！ 〈前置詞＋名詞〉の形が疑問文になるとくずれることもあるので注意する。

前置詞は1つ1つ覚えていこう！

I am looking **for a red shirt.**

What are you looking **for**?
（あなたは何をさがしていますか。）

入試では 次の（　）に適する前置詞を入れなさい。

❶ My brother lives (　　) New York.
❷ What are you listening (　　)?

2 「場所」を表す前置詞(1) ★★

> **I sat <u>among</u> the children.**
> （私は子供たちの間に座りました。）

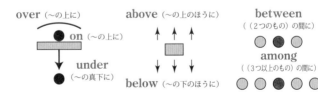

over （～の上に）
on （～の上に）
under （～の真下に）

above （～の上のほうに）
below （～の下のほうに）

between
（（2つのもの）の間に）

among
（（3つ以上のもの）の間に）

入試では 次の（　）から適する語を選びなさい。

❶ I saw a kite (below, over) the house.
❷ The singer is popular (between, among) the students.

解答 ❶ ❶ in ❷ to　❷ ❶ over ❷ among

得点UP!

① betweenは「2つの間」、amongは「3つ以上の間」。
② in front of は3語で1つの意味（～の前に）を表す。

③ 「場所」を表す前置詞 (2) ★★

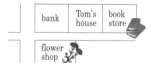

I met her in front of the bookstore.
（私は書店の前で彼女に会いました。）

 これ暗記

at	～で(狭い場所)	around	～のまわりに
in	～で(広い場所)	by	～のそばに
in front of	～の前に	near	～の近くに
behind	～の後ろに	beside	～のそばに

入試では 下の地図を見て、( )に適する語を入れなさい。

bank	Tom's house	book store 📖

flower shop 🌹

❶ There is a bank ( ) ( ) ( ) the flower shop.
❷ Tom's house is ( ) the bank and the bookstore.

④ 「方向」を表す前置詞 ★★

A man ran out of the house.
（男の人が家の中から走って外へ出ました。）

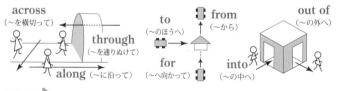

across（～を横切って）
through（～を通りぬけて）
along（～に沿って）
to（～のほうへ）
for（～へ向かって）
from（～から）
out of（～の外へ）
into（～の中へ）

入試では 日本文に合うように、( )から適する語を選びなさい。

この通りに沿って歩いて、角で左に曲がりなさい。
Walk ❶(across, along) this street and turn ❷(to, for) the left at the corner.

 解答 ③ ❶ in front of ❷ between ④ ❶ along ❷ to

| 41 | 前置詞 ① | 97

part 1 (S V O C) 文法編
1～5
6～12
13～21
22～30
31～36
37～44

part 2 実戦編
1～3
4～14
15～17
18～19

42. 前置詞 ②

① 「時」を表す前置詞 ①★★

> **You must finish the work <u>by</u> five.**
> （あなたは 5 時までにその仕事を終えなければなりません。）

by one（1時までに）
until one（1時まで）
before one（1時前に）

★1時

from one to three（1時から3時まで）

at three（3時に） 時の流れ

3時

after three（3時すぎに）

入試では　次の（　）から適する語を選びなさい。

❶ He studied from seven (by, to) eight.
❷ I get up (at, in) six thirty every morning.
❸ Let's wait for him (by, until) six o'clock.

② 「時」を表す前置詞 ②★★

> **I have been busy <u>since</u> last Wednesday.**
> （私は先週の水曜日からずっと忙しいです。）

at on in	時刻, 時の一点 曜日, 日付 月, 季節, 年	in within	時の経過一定の期間以内に
from since	ことがらの始まる出発点 ～から現在までの続き	〈for ＋数字＋名詞〉 〈during ＋特定期間〉	～の間

入試では　次の（　）に適する前置詞を入れなさい。

❶ He studied English (　) three hours.
❷ I enjoyed skiing (　) my winter holidays.

解答　❶ ❶ to ❷ at ❸ until　❷ ❶ for ❷ during

得点 UP!

① by は「～までに」、until は「～まで（ずっと）」の意味。
② 前置詞をふくむ連語はそのまま暗記しよう。

part 1

S V O 文法編

1~5
6~12
13~21
22~30
31~36
37~44

part 2
実戦編

1~3
4~14
15~17
18~19

③ 「目的・方法・手段」などを表す前置詞 ★★

> Susan came to Japan <u>by</u> plane.
> （スーザンは飛行機で日本に来ました。）

これ暗記

by	（〜で）〈手段・方法〉	I go to school **by** bus. （バスで）
with	（〜で）〈道具〉	He cut it **with** a knife. （ナイフで）
in	（〜で）〈手段〉	Let's speak **in** English. （英語で）
for	（〜のために）	He cried **for** help. （助けを求めて）
with	（〜を持って）	Come here **with** a pen. （ペンを持って）
without	（〜なしに）	tea **without** milk （牛乳ぬきの紅茶）

入試では 次の（ ）に適する前置詞を入れなさい。

❶ I have never written a letter ( ) French.
❷ He opened the box ( ) a knife.

④ 前置詞を含む重要な連語 ★★★

> She takes care of her little sister.
> （彼女は小さな妹の世話をします。）

これ暗記

at		for	
look at	（〜を見る）	wait for	（〜を待つ）
laugh at	（〜を笑う）	look for	（〜をさがす）
arrive at	（〜に着く）	be famous for	（〜で有名である）
to listen to	（〜を聞く）	**of** because of	（〜のために）
get to	（〜に着く）	take care of	（〜の世話をする）

入試では 次の（ ）から適する語を選びなさい。

❶ You must look (at, for) the key which you lost.
❷ Don't laugh (to, at) him.

解答 ③ ❶ in ❷ with ④ ❶ for ❷ at

43. 否定語 ①

① 〈no +名詞〉の意味 ★

> **I have no pencils.**
> （私はえんぴつを 1 本も持っていません。）

ここ重要　〈no +名詞〉は「1 つ〔1 人〕も～ない」という意味で, not は使わないが否定の意味になる。

┌─ない　┌─no one は単数扱い
No one knows the fact.
否定（だれも事実を知りません。）

┌─ない
I have no time.
否定（私には時間がありません。）

入試では　次の（　）内の語を並べかえなさい。

❶ (ア were　イ there　ウ students　エ no) in the classroom.
❷ (ア is　イ no　ウ needed　エ money) to see the paintings.

② 〈no +名詞〉と〈not ... any +名詞〉の文 ★★

> **I don't have any friends in Japan.**
> （私は日本に 1 人も友達がいません。）

no ～ や not ... any ～
は強い否定を表すよ。

〈no +名詞〉は, 〈not ... any +名詞〉の文に書きかえられる。

　　　　　┌─否定
┌I have no brothers.　（私には兄弟が 1 人もいません。）
└→I don't have any brothers.
　　否定

 ここ注意!　〈no +名詞〉で始まる文は〈not ... any +名詞〉に書きかえられない。

入試では　同じ意味を表す文に書きかえなさい。

❶ We have no food. ── We don't have (　　) food.
❷ There aren't any stars in the sky.
　── There (　　) (　　) stars in the sky.

解答
　❶ ❶ イアエウ　❷ イエアウ
　❷ ❶ any　❷ are not

得点 UP!
① nobody, nothing は3人称単数扱い。
② few は否定的, a few は肯定的に用いる。

part 1
S C
V O
文法編

1～5
6～12
13～21
22～30
31～36
37～44

part 2
実戦編
1～3
4～14
15～17
18～19

③ nothing と nobody のちがい ★★

> **I saw nothing in the dark.**
> （私は暗やみの中で何も見えませんでした。）

nothing(何も～ない) と nobody(だれも～ない) は主語や目的語になり, 否定の意味を表す。

否定
↓
Nobody knows how to skate.
（だれもスケートのしかたを知りません。）

ここ注意！ nobody, nothing は3人称単数扱い。

入試では 日本文に合うように, ( )に適する語を入れなさい。

❶ I found ( ) in the box. （箱の中には何もありませんでした。）
❷ ( ) answered the question. （だれも質問に答えませんでした。）

④ few と a few のちがい ★★

> **Few students can speak Japanese.**
> （ほとんどの生徒は日本語を話すことができません。）

few は数えられる名詞と共に用い, few ～ で「ほとんどない」, a few ～ で「少しはある」の意味を表す。

I have **few** friends. （友人がほとんどいない。） ←否定的
　　　　　数えられる名詞の複数形
I have **a few** friends. （友人が少しはいる。） ←肯定的

ここ注意！ few, a few のあとは複数名詞。

入試では 日本文に合うように, ( )に適する語を入れなさい。

❶ There were ( ) houses. （家はほとんどありませんでした。）
❷ I have a few ( ). （少しはペンを持っています。）

解答 ③ ❶ nothing ❷ Nobody
④ ❶ few ❷ pens

44. 否定語 ②

① little と a little のちがい ★★

> **I have a little time.**
> （私には少し時間があります。）

 ここ注意！ little は数えられない名詞と共に用い、little 〜 で「ほとんどない」、a little で「少しはある」の意味を表す。

There is **little** water. （ほとんど水がない。）←否定的
　　　　　　　└─数えられない名詞
There is **a little** water. （少しは水がある。）←肯定的

入試では▶ 次の（　）から適する語を選びなさい。

❶ There was (few, little) snow.
❷ I have (few, little) English books.

② never の用法 ★★

never の位置に注意！

> **I will never forget you.**
> （私は君のことは決して忘れません。）

ここ重要 never は「決して〜ない」と not よりも強い否定を表す。

	語順注意	
S +**never**+一般動詞		S + $\begin{Bmatrix} \text{be 動詞} \\ \text{助動詞} \end{Bmatrix}$ +**never** 〜 .
I **never** drink milk.（私は決して牛乳を飲みません。）		I will **never** cry.（私は決して泣きません。）

入試では▶ never を使った文に書きかえなさい。

❶ I don't eat fish. ⟶ I (　　) (　　) fish.
❷ Jack doesn't tell a lie. ⟶ Jack (　　) (　　) a lie.

 解答
❶ ❶ little ❷ few
❷ ❶ never eat ❷ never tells

③ 部分否定 (1)★★

I **don't** play basketball **every** day.
（私は毎日バスケットボールをするわけではありません。）

all, every の前に not がつくと，「すべてが〜というわけではない」とい
う意味の部分否定になる。

All the boys don't like soccer.
└──部分否定──┘

（すべての少年がサッカーを好きというわけではありません。）

no 〜は全体を
否定するよ。

入試では 部分否定の文を選びなさい。

ア English isn't spoken by all the people.
イ I have never seen a koala before.

④ 部分否定 (2)★★

He **doesn't always** walk to school.
（彼はいつも学校へ歩いて行くわけではありません。）

always, both, very に not がつくと部分否定になる。
She isn't **always** sad. （彼女はいつも悲しいわけではありません。）

これ
暗記

not always	いつも〜とは限らない
not both	両方とも〜とは限らない
not very	あまり〜ではない

入試では 日本文に合うように，（ ）に適する語を入れなさい。

❶ I'm not ( ) tired. （私はあまり疲れていません。）
❷ He doesn't know ( ) Ken and John.
（彼はケンとジョンの両方とも知っているわけではありません。）

解答
③ ア
④ ❶ very ❷ both

✎ 入試直前確認テスト ⑥

1 次の（　）に適するものを1つ選び，記号で答えなさい。

- ☐ ❶ Either Tom (　　) Mari will join the meeting.
  - ア and　イ but　ウ or　エ if
- ☐ ❷ I have no friends to play (　　).
  - ア with　イ to　ウ on　エ for
- ☐ ❸ (　　) Yuka is busy, please help her.
  - ア If　イ But　ウ That　エ And

2 次の日本文に合うように，（　）に適する語を入れなさい。

- ☐ ❹ 私のイヌの世話をしてください。
  - Please (　　) (　　) (　　) my dog.
- ☐ ❺ 彼はいつも忙しいとは限りません。
  - He is (　　) (　　) busy.
- ☐ ❻ 図書館は銀行と公園の間にあります。
  - The library is (　　) the bank (　　) the park.

3 次の（　）に適する語を入れなさい。

- ☐ ❼ She has been sick (　　) last Sunday.
- ☐ ❽ She visited not only London (　　) also Paris.

---- ヒント ----

❶「トムかマリのどちらかが会議に加わります。」either A or B で「AかBのどちらか」。 ❷「私はいっしょに遊ぶ友達がいません。」 ❸「もしユカが忙しければ，彼女を助けてください。」 ❼「彼女はこの前の日曜日からずっと病気です。」 ❽「彼女はロンドンだけでなく，パリも訪れました。」

解答 ❶ ウ　❷ ア　❸ ア　❹ take care of ❺ not always　❻ between, and　❼ since　❽ but

□ ⑨ Get up soon, (　　) you will miss the train.

□ ⑩ I haven't seen him (　　) three years.

□ ⑪ Practice harder, (　　) you will win.

④ 次の（　）内の語（句）を並べかえ，記号で答えなさい。

□ ⑫ (ア did　イ students　ウ the homework　エ few).

□ ⑬ Come to my house (ア work　イ soon　ウ as　エ finish　オ as you　カ your).

□ ⑭ Jane is (ア she　イ poor　ウ though　エ happy　オ is).

□ ⑮ He was (ア couldn't　イ that　ウ so　エ walk　オ tired　カ he).

□ ⑯ The game (ア cancelled　イ of　ウ the heavy snow　エ was　オ because).

⑤ 次の指示に従って英文を書きなさい。

□ ⑰ 相手に5時までに家に帰ってきなさいと言うとき。

_____

- - - - - - - - - - - - - ◀ヒント▶ - - - - - - - - - - - - -

⑨「すぐに起きなさい，さもないと電車に乗り遅れます。」〈命令文，or 〜〉は「…しなさい，さもないと〜」。　⑪「より熱心に練習しなさい，そうすれば勝てるでしょう。」〈命令文，and 〜〉は「…しなさい，そうすれば〜」。　⑫「ほとんどの生徒は宿題をしませんでした。」few 〜で「ほとんど〜ない」を表す。　⑬「仕事を終えたらすぐに私の家に来て。」as soon as 〜 は「〜するとすぐに」。　⑭「ジェーンは貧しいけれども幸せです。」　⑮「彼はとても疲れていたので歩けませんでした。」⑯「試合は大雪のために中止されました。」　⑰「〜時までに」を前置詞＋時間で表す。

解答 ⑨ or　⑩ for　⑪ and　⑫ エイアウ　⑬ ウイオエカア

⑭ エウアオイ　⑮ ウオイカアエ　⑯ エアオイウ

⑰ (You must) Come back home by five.

part2 実戦編

1. 発音・アクセント

月 日

① 下線部の発音と同じ発音を含む語を選び, 記号で答えなさい。

❶ vac<u>a</u>tion 〔神奈川県立小田原高〕

ア b<u>a</u>sketball イ c<u>a</u>re ウ gr<u>ea</u>t エ d<u>a</u>nce

❷ ask<u>ed</u> 〔神奈川県立横須賀高－改〕

ア start<u>ed</u> イ help<u>ed</u> ウ call<u>ed</u> エ join<u>ed</u>

❸ l<u>ear</u>n 〔神奈川県立光陵高－改〕

ア b<u>ir</u>d イ c<u>al</u>l ウ m<u>o</u>vie エ l<u>ar</u>ge

❹ r<u>ea</u>d（過去形） 〔成城学園高－改〕

ア s<u>e</u>nt イ w<u>ea</u>r ウ l<u>ea</u>ve エ c<u>a</u>me

② 下線部の発音が他と異なるものを選び, 記号で答えなさい。

❶ ア <u>ch</u>ildren イ Mar<u>ch</u> ウ <u>s</u>chool エ spee<u>ch</u> 〔長崎〕

❷ ア h<u>ear</u>d イ p<u>er</u>son ウ w<u>or</u>k エ h<u>ar</u>d 〔駒込高－改〕

❸ ア e<u>x</u>ample イ e<u>x</u>cited ウ e<u>x</u>cuse エ ne<u>x</u>t 〔長崎〕

❹ ア <u>th</u>ing イ bir<u>th</u>day ウ wea<u>th</u>er エ <u>th</u>rough

③ 最も強く発音する位置が他と異なるものを選び, 記号で答えなさい。

❶ ア Pa-cif-ic イ au-di-ence ウ o-rig-i-nal エ mu-si-cian 〔青雲高－改〕

❷ ア man-ag-er イ fish-er-man ウ tra-di-tion エ pop-u-lar 〔高知学芸高〕

❸ ア yes-ter-day イ un-der-stand ウ fes-ti-val エ dan-ger-ous

① の解答・解説

❶ ウ → vacation と great は [ei]。
basketball と dance は [æ]，care は [e]。

❷ イ → asked と helped は [t]。
started は [id]，called と joined は [d]。

❸ ア → learn と bird は [əːr]。
call は [ɔː]，movie は [uː]，large は [ɑːr]。

❹ ア →過去形 read は [réd] と発音することに注意。sent は [e]。
wear は [eər]，leave は [iː]，came は [ei]。

② の解答・解説

❶ ウ → school は [k]。
children，March，speech は [tʃ]。

❷ エ → hard は [ɑːr]。
heard，person，work は [əːr]。

❸ ア → example は [gz]。
excited，excuse，next は [ks]。

❹ ウ → weather は [ð]。
thing，birthday，through は [θ]。

③ の解答・解説

❶ イ → áudience。
他は Pacífic，oríginal，musícian。

❷ ウ → tradítion。mánager は日本語の「マネージャー」とのちがいに注意。その他は físherman，pópular。

❸ イ → understánd。
他は yésterday，féstival，dángerous。

2. 会話表現 ①

月　　日

① 次の対話文の（　）に適するものを選び、記号で答えなさい。

❶ *A:* Hi, Masao. (　　　) are you?　　　　　　　　　〔新潟〕

　B: I'm fine. And you, Mr. Smith?

　A: Of course, I'm OK.

　ア What　イ When　ウ Where　エ How

❷ *A:* Oh, you have a *guidebook with you. May I see it?　　〔都立新宿〕

　B: Sure. (　　　)　　　*guidebook ガイドブック

　ア That's it.　イ Yes, it is.　ウ Here it is.　エ No, not at all.

❸ *A:* Are these flowers for me? Thank you very much.　　〔静岡－改〕

　B: (　　　)

　ア I don't think so.　　　イ It's your turn.

　ウ That sounds nice.　　エ You're welcome.

❹ *A:* Hello. This is John Smith. (　　　)　　　　　　　〔佐賀〕

　B: Hi, John. This is Takashi.

　ア Do you know who is calling?　イ Can I leave a message?

　ウ May I speak to Takashi?　　　エ What are you doing?

❺ *A:* Hello. This is Mary. Can I speak to Tomoko, please?

　B: I'm sorry, she is out. (　　　)

　A: No, thank you. I'll call back later.

　ア Hold on, please.　　　　　イ Can I take a message?

　ウ May I leave a message?　エ When will she come back?

❻ *A:* (　　　) do you come to school?　　　　　　　　　〔岩手－改〕

　B: I walk to school every day.

　ア How　イ Which　ウ What　エ Where

❼ *A:* Can you come with me?　　　　　　　　　　　　　〔北海道－改〕

　B: (　　　)

　ア Yes, of course.　イ Yes, I do.　ウ See you.　エ I know.

❶ の解答・解説

❶ エ　How are you?　様子や具合をたずねる how。

A: こんにちは，マサオ。元気ですか。

B: 元気ですよ。あなたはどうですか，スミスさん。

A: もちろん，元気ですよ。

❷ ウ　Here it is.　相手に物を渡すときの表現。Here you are. も同意。

A: ああ，ガイドブックを持っていますね。見てもいいですか。

B: いいですよ。はい，どうぞ。

❸ エ　You're welcome.　お礼に対する返答。Not at all. なども使う。

A: これらの花は私のためにですか。ありがとうございます。

B: どういたしまして。

❹ ウ　May I speak to Takashi?　電話で話したい人に代わってもらうときの表現。

A: もしもし，こちらはジョン・スミスです。タカシさんはいますか。

B: やあ，ジョン。タカシです。

❺ イ　Can I take a message?　伝言を受けるときの表現。
Can I ～ ? =「～しましょうか」，take a message「伝言を受ける」⇔ leave a message「伝言を残す」

A: もしもし。こちらはメアリーです。トモコさんをお願いします。

B: すみません，トモコは出かけています。伝言をうかがいましょうか。

A: いいえ，けっこうです。あとでかけ直します。

❻ ア　How do you come to school?　交通手段をたずねる。

A: あなたはどのようにして学校に来ますか。

B: 私は毎日学校へ歩いて来ます。

❼ ア　Yes, of course.　誘いや依頼を受けたときの表現。

A: 私といっしょに来ませんか〔来てくれませんか〕。

B: はい，もちろん。

3. 会話表現 ②

① 次の対話文の（　）に適するものを選び，記号で答えなさい。

❶ *A:* Will you (　　　) to the hospital?　　　　　　　〔青森－改〕

B: Sure.

ア tell me how　　　　イ tell me the way

ウ give me something　エ help him see

❷ *A:* How can I get to the library?　　　　　　　　　　〔福島－改〕

B: Well, turn left at the first traffic light and (　　　).

ア you'll see it on your right　イ you can read books there

ウ you can take it soon　　　　エ I'm sorry I don't know

❸ *A:* (　　　)　　　　　　　　　　　　　　　　　　　〔徳島〕

B: Yes, please. I'm looking for a present for my brother.

ア Could you help me?　イ Shall we have something hot?

ウ May I help you?　　　エ Will you ask me a question?

❹ *A:* How about this blue shirt?　　　　　　　　　　　〔高知－改〕

B: I like the color. But (　　　).

A: Shall I show you a bigger one?

ア it is too expensive　イ he doesn't like it

ウ I'll take this one　　エ it is too small for me

❺ *A:* Would you like some more?　　　　　　　　　　〔都立国際高〕

B: No, thanks. (　　　)

ア I think you are right.　イ I'm hungry.

ウ Here you are.　　　　　エ I'm full.

❻ *A:* Happy Birthday! This is a present for you.　　　　〔徳島〕

B: Thank you. May I open it?

A: Sure. (　　　)

ア I hope you'll like it.　イ I'll never buy it.

ウ You don't have to.　　エ You like to go shopping.

❶ の解答・解説

❶ イ Will you tell me the way to the hospital?　道をたずねる表現。

　= Will you tell me how to get to the hospital?

　A: 病院へ行く道を教えてくれませんか。

　B: もちろんです。

❷ ア you'll see it on your right「右側に」⇔ on your left「左側に」

　A: 図書館へはどのように行けばいいですか。

　B: ええと，最初の信号を左に曲がってください。そうすれば右側に見えます。

❸ ウ May I help you?　店員が客に話しかけるときの決まり文句。答えるときは Yes, please. や No, thank you. を使う。

　A: いらっしゃいませ，何かお手伝いしましょうか。

　B: はい，お願いします。兄〔弟〕へのプレゼントをさがしています。

❹ エ it is too small for me「小さすぎる」〈too＋形容詞〉で「あまりにも〜」という意味。

　A: この青いシャツはいかがですか。

　B: 色は好きです。でも私には小さすぎます。

　A: もっと大きいのをお見せしましょうか。

❺ エ I'm full.「満腹です。」⇔ I'm hungry.「空腹です。」 Would you like 〜？は「〜はいかがですか」と物をすすめる表現。

　A: もう少しいかがですか。

　B: いいえ，けっこうです。おなかがいっぱいです。

❻ ア I hope you'll like it.　hope 〜で「〜だといいと思う」。

　A: 誕生日おめでとう。これはあなたへのプレゼントです。

　B: ありがとう。開けてもいいですか。

　A: もちろん。気に入ってくれるといいのですが。

part 1
文法編
1〜5
6〜12
13〜21
22〜30
31〜36
37〜44

part 2
実戦編
1〜3
4〜14
15〜17
18〜19

4. be 動詞・進行形・一般動詞

月　　日

① 次の文の（　）に適するものを選び，記号で答えなさい。

❶ The woman with some books (　　　) Ms. Smith.

　　ア am　イ is　ウ are　エ to be

❷ Where does he go every Saturday?　　　　　　　〔宮崎－改〕

　　—— He (　　　) to Green Tennis Court.

　　ア go　イ goes　ウ went　エ going

❸ (　　　) the students work very hard yesterday?　〔神奈川〕

　　ア Has　イ Can　ウ Did　エ Are

❹ We had a party for our son yesterday. So there (　　　) many children in this room.　　　　　　　〔沖縄－改〕

　　ア is　イ are　ウ was　エ were

❺ Mike and Ken (　　　) studying in the library now.　〔栃木〕

　　ア is　イ was　ウ are　エ were

❻ What were you (　　　) when I went to your house?　〔神奈川－改〕

　　ア do　イ did　ウ doing　エ done

② 次の文の（　）の語を適する形にかえなさい。

❶ One day, after lunch, Jane (run) to the park in front of her house alone.　　　　　　　〔宮城〕

❷ Today, some friends in *Calgary (come) to see me, and we had a *sushi* party.　　　*Calgary カルガリー　　〔北海道－改〕

❸ My mother (give) me this watch as a birthday present last year.　　　　　　　〔沖縄－改〕

❹ The game those students are playing now (look) exciting.　　　　　　　〔神奈川－改〕

1 の解答・解説

❶ **イ** →主語は The woman なので is を選ぶ。
「何冊かの本を持った女性はスミス先生です。」

❷ **イ** →現在の文で主語 he は3人称単数。一般動詞に -s(es) をつける。
go → goes となる。「彼は毎週土曜日，どこに行きますか。」「グリーン
テニスコートに行きます。」

❸ **ウ** → yesterday「昨日」があるので過去の文。疑問文は〈Did＋主語＋
動詞の原形〜?〉の形。「生徒たちは昨日，熱心に勉強しましたか。」

❹ **エ** →直後の many children が複数であることに着目。昨日のことなの
で There were 〜 . =「〜がいました」。「昨日息子のパーティーを開き
ました。だからこの部屋にはたくさんの子供たちがいました。」

❺ **ウ** →現在進行形〈am(is, are)＋ 動詞の -ing 形〉の文。
「マイクとケンは今，図書館で勉強しています。」

❻ **ウ** →過去進行形の疑問文。〈疑問詞＋was(were)＋主語＋動詞の -ing 形
〜?〉の形で表す。この do は「する」という意味の動詞。
「私があなたの家に行ったとき，あなたは何をしていましたか。」

2 の解答・解説

❶ **ran** → One day があるので過去の文。run の過去形は ran。
「ある日の昼食後，ジェーンは家の前の公園へ一人で走っていきました。」

❷ **came** →あとの文に had があるので過去の文。come の過去形は came。
「今日, カルガリーの友人たちが私に会いに来てすしパーティーをしました。」

❸ **gave** → last year があるので過去の文。give の過去形は gave。
「私の母は去年，誕生日プレゼントにこの時計を私にくれました。」

❹ **looks** → The game 〜 now までが主語の〈look ＋形容詞〉の文。-sをつける。
「あれらの生徒たちが今している試合はおもしろそうに見えます。」

実戦編

5. 助動詞

① 日本文の意味になるように, ( )に適語を入れなさい。

❶ 今週末の天気はどうですか。 〔長野－改〕

( ) ( ) the weather be this weekend?

❷ 私はニューヨークを訪れるつもりです。 〔新潟－改〕

I'm ( ) to visit New York.

❸ お招きいただきありがとうございます。何時にうかがいましょうか。

Thank you for inviting me. What time ( ) I come? 〔千葉－改〕

❹ 窓を開けてもいいですか。 〔富山－改〕

( ) ( ) open the window?

❺ 私たちは彼の話を聞くべきです。 〔沖縄－改〕

We ( ) listen to him.

❻ あなたは何か特別なことをするつもりですか。 〔大分－改〕

( ) you ( ) to do anything special?

❼ 彼のために私たちは何ができるでしょうか。

( ) ( ) we do for him?

❽ それについてもっと教えていただけませんか。 〔兵庫－改〕

( ) ( ) tell me more about it?

❾ 明日は学校へ行く必要はありません。 〔富山－改〕

You don't have ( ) ( ) to school tomorrow.

❿ 来週, 私たちの練習を見に来たいですか。 〔茨城－改〕

Would you ( ) to come and watch our practice next week?

⓫ 私たちはその問題について忘れてはいけません。

We ( ) ( ) forget about the problem.

⓬ 今日の午後は雨が降るので, あなたは傘を持っていったほうがいいです。

You ( ) ( ) take your umbrella with you because it will rain this afternoon.

① の解答・解説

❶ **How** will → will は**未来を表す助動詞**で「～するつもりです，～するでしょう」という意味。天気をたずねるときは how を用いる。

❷ **going** →〈be going to＋動詞の原形〉で「～するつもりです」と予定を表す。

❸ **shall** → Shall I ～ ? で「(私が)～しましょうか」と相手の意思をたずねる表現。　**参** Shall we ～ ?＝「(いっしょに)～しましょうか」

❹ **May〔Can〕I** → May〔Can〕I ～ ? で「～してもよいですか」と許可を求める表現。

❺ **should〔must〕** → should は「～すべき」と義務を表す助動詞。must「～しなければならない」のほうが意味が強い。

❻ **Are, going** →〈be going to ＋動詞の原形〉「～するつもりです」の疑問文。be 動詞を主語の前に置く。

❼ **What can** → can は「～できる」と可能を表す助動詞。
　参 can の過去形は could「～できた」。

❽ **Could〔Would / Can / Will〕you** → Could〔Would〕you ～ ? は「～してくださいませんか」と依頼する表現。Can〔Will〕you ～ ?「～してくれませんか」よりもていねいな言い方。

❾ **to go** → don't have to ～ で「～する必要は〔が〕ない」。to のあとには動詞の原形が続く。　**参** have to ～＝「～しなければならない」

❿ **like** → would like to ～「～したい」の疑問文。to のあとには動詞の原形が続く。

⓫ **must not** → must not ～「～してはいけない」という意味を表す。
　参 don't have to ～＝「～しなくてもよい」

⓬ **had better** →〈had better ＋動詞の原形〉で「～したほうがよい」という意味。

6. 不定詞・原形不定詞

1 日本文に合うように、( )内の語(句)を並べかえなさい。

❶ 私の趣味は本を読むことです。

My hobby (read / to / books / is).

❷ 私の母は弟に窓をふかせました。

My mother (wipe / my brother / made / the window).

❸ 私たちは野球を練習するために公園へ行きました。

We went to (practice / the park / to / baseball).

❹ 私はあなたに私たちと遊んでもらいたいです。　　　　　　　　〔茨城－改〕

(want / you / I / to) play with us.

❺ 私の妹は若すぎて車を運転できません。　　　　　　　　　　〔栃木－改〕

My sister is (to / too / drive / young / a car).

❻ 私は兄に数学を教えてくれるように頼みました。

I (my brother / asked / teach / to / math / me).

2 対話文が成立するように、( )内の語を並べかえなさい。

❶ *A:* Do (to / how / you / know) play this video game?　　〔神奈川－改〕

B: Yes, I do. Let's play it together.

❷ *A:* Can you go to see the movie with me tomorrow?

B: Yes. My mother (go / me / with / let / you).

❸ *A:* Do you know any good ways of studying English?　　〔岩手－改〕

B: My brother (me / told / keep / to) writing what I did in English every day.

❹ *A:* I watched soccer games on TV yesterday.　　　　　　　〔青森〕

B: Me, too, but it is (soccer / interesting / play / to / more).

❺ *A:* Do you know Mr. Wood is going to leave Japan next week?

B: Really? (sad / I'm / hear / to / that).

part
1
(S/Vo c)
文法編

1〜5
6〜12
13〜21
22〜30
31〜36
37〜44

part
2

実戦編

1〜3
4〜14
15〜17
18〜19

1 の解答・解説

❶ is to read books
名詞的用法の不定詞「〜すること」。ここでは文の補語になっている。

❷ made made my brother wipe the window
〈made O 〜〉で「O に〜させる」。

❸ the park to practice baseball
目的を表す副詞的用法の不定詞「〜するために」。

❹ I want you to
〈want +（人）+ to +動詞の原形〉=「（人）に〜してもらいたい」

❺ too young to drive a car
〈too +形容詞+ to +動詞の原形〉=「あまりに…すぎて〜できない」

❻ asked my brother to teach me math
〈ask +（人）+ to +動詞の原形〉=「（人）に〜するように頼む」

2 の解答・解説

❶ you know how to 〈how to +動詞の原形〉=「〜のしかた」
「このテレビゲームのやり方を知っていますか。」

❷ let me go with you 〈let O 〜〉で「O が〜するのを許す」という意味。
過去形も let。「母は私があなたと行くのを許しました。」

❸ told me to keep 〈tell +（人）+ to +動詞の原形〉=「（人）に〜するように言う」「兄は私が何をしたかを英語で毎日書き続けるように言いました。」

❹ more interesting to play soccer 〈it is ... to +動詞の原形〜〉=「〜することは…だ」 it は仮主語で真主語は to 以下。「サッカーをすることはもっとおもしろいです。」

❺ I'm sad to hear that 感情の原因を表す副詞的用法の不定詞。
「私はそれを聞いて悲しいです。」

part2
実戦編
7. 動名詞

① 次の文の（　）内の語を適する形にかえなさい。

❶ We often enjoy (sing) songs in the lesson. 〔岡山〕

❷ They have just finished (play) the taiko. 〔北海道−改〕

❸ (Visit) China is my dream. 〔茨城〕

❹ They said "*Oishii*!" after (eat) the *sushi* I made. 〔北海道−改〕

❺ I am fond of (read) a book about history.

② 日本文に合うように，（　）内の語（句）を並べかえなさい。

❶ 私は飛行機に乗るのは旅をするいい手段だと思います。 〔埼玉−改〕
I think (a / good / planes / way / taking / is) to travel.

❷ お年寄りの人々は彼らを見るために働くのをやめました。 〔宮崎−改〕
The old people (stopped / watch / working / to / them).

❸ 私は海で泳ぐのを楽しみにしています。 〔福島−改〕
I'm (forward / in / swimming / to / the sea / looking).

❹ 私は音楽を聞くことに興味があります。 〔岩手−改〕
I'm (music / in / listening / interested / to).

❺ 私はカナダで人々と話すことによって多くの言葉を学びました。
I learned a lot of words (talking / people / by / with) in Canada.

❻ 寝袋は災害のときに役に立ちます。
(is / sleeping / useful / bag / a) in case of a disaster.

1 の解答・解説

❶ **singing** 「私たちはよく授業で歌を歌うことを楽しみます。」
enjoy は目的語に**動名詞**だけをとる。

❷ **playing** 「彼らはちょうど太鼓の演奏を終えたところです。」
finish は目的語に**動名詞**だけをとる。

❸ **Visiting〔To visit〕** 「中国を訪れることは私の夢です。」 主語の「〜すること」は**動名詞**または**名詞的用法の不定詞**で表すことができる。

❹ **eating** 「彼らは私が作ったすしを食べたあとで『おいしい！』と言いました。」 この after は**前置詞**。続く動詞は**動名詞**にする。

❺ **reading** 「私は歴史についての本を読むことが好きです。」
be fond of 〜=「**〜が好き**」 of は前置詞。続く動詞は**動名詞**にする。

2 の解答・解説

❶ **taking** planes is a good way
think のあとの that が省略。taking planes が that 節内の主語。

❷ **stopped** working to watch them 「〜するのをやめる」は stop
〜 ing。stop to 〜「**〜するために立ち止まる**」とのちがいに注意。

❸ **looking** forward to swimming in the sea
look forward to 〜 ing =「**〜することを楽しみにする**」

❹ **interested** in listening to music
be interested in 〜 ing =「**〜することに興味がある**」

❺ **by** talking with people
by 〜 ing =「**〜することによって**」

❻ A **sleeping** bag is useful
〈動名詞＋名詞〉が 1 つの意味を表している。sleeping bag =「**寝袋**」

8. 比 較

月　　日

1 日本文の意味になるように，（　）に適語を入れなさい。

❶ 富士山は日本の山の中でいちばん高いです。　〔愛知-改〕
Mt. Fuji is the (　　　) of all the mountains in Japan.

❷ 私にとって，英語は中国語よりも難しいです。
English is (　　　) (　　　) than Chinese for me.

❸ それはほとんどの質問より簡単だと思いました。　〔千葉-改〕
I thought it was (　　　) (　　　) most of the questions.

❹ マリアはサリーより上手にスキーができます。　〔栃木-改〕
Maria can ski (　　　) than Sally.

❺ アメリカは日本の学生にとっていちばん人気のある国です。　〔山口-改〕
America is the (　　　) (　　　) country for Japanese students.

❻ あなたはほかのどのメンバーより速く走ることができます。
You can run (　　　) than any (　　　) member.

2 対話文が成立するように，（　）内の語を並べかえなさい。

❶ *A:* It is very cold today.　〔宮崎〕
B: Really? I think today (as / cold / is / not / as) yesterday.

❷ *A:* Who (famous / is / most / tennis / the) player in Japan?　〔秋田〕
B: I want to say it's me.

❸ *A:* Do you like this picture?　〔神奈川-改〕
B: Yes. I think it's the (I've / most / ever / picture / beautiful / seen).

❹ *A:* What is your favorite animal?　〔岩手-改〕
B: I like lions the (all / best / of) animals.

❺ *A:* How much is this car? It's expensive, isn't it?
B: Well, it's (as / ours / expensive / as / twice).

part
1
S V
c
o
文法編

1～5

6～12

13～21

22～30

31～36

37～44

part
2

実戦編

1～3

4～14

15～17

18～19

① の解答・解説

❶ highest

「～の中でいちばん」は最上級を使って表す。

❷ more difficult

difficult の比較級，最上級は前に more，most をつける。

❸ easier than　「～よりも…」＝〈比較級＋than ～〉

easy の比較級は easier。

❹ better

well「上手に」の比較級は better，最上級は best。

❺ most popular　「いちばん～な…」＝〈the ＋最上級＋名詞〉

popular の比較級，最上級は前に more，most をつける。

❻ faster，other

〈比較級＋ than any other＋単数名詞〉は最上級と同じ内容を表す。

② の解答・解説

❶ is not as cold as　〈not as ＋形容詞＋ as ～〉＝「～ほど…ではない」

「今日は昨日ほど寒くないと思います。」

❷ is the most famous tennis　〈the ＋最上級＋名詞〉＝「いちばん～な…」

「日本でだれがいちばん有名なテニス選手ですか。」

❸ most beautiful picture I've ever seen　〈最上級＋名詞＋ (that) ＋主語＋現在完了形〉＝「今まで～した中でいちばん…」「それは今まで見た中でいちばん美しい絵だと思います。」

❹ best of all　〈like ～ the best〉＝「～がいちばん好き」

「私はすべての動物の中でライオンがいちばん好きです。」

❺ twice as expensive as ours　〈～ times as ＋原級＋as ...〉＝「…の～倍の―」という意味を表す。「2 倍」は twice で表す。「そうですね，それは私たちのより 2 倍値段が高いです。」

9. 受動態（受け身）

① 次の文の（ ）に適するものを選び、記号で答えなさい。

❶ The movie was (　　　) by Mr. Kitayama last year. 〔神奈川〕

　ア make　イ makes　ウ made　エ be made

❷ (　　　) this castle built about 400 years ago?

　ア Is　イ Was　ウ Does　エ Did

❸ Many languages are (　　　) in Australia. 〔栃木－改〕

　ア speak　イ spoke　ウ speaking　エ spoken

❹ He was surprised (　　　) the news.

　ア from　イ on　ウ at　エ into

❺ Mt. Fuji can (　　　) from my city on a sunny day.

　ア see　イ be seeing　ウ seen　エ be seen

② 日本文に合うように、（ ）内の語（句）を並べかえなさい。

❶ バスケットボールはたくさんの人々に愛されています。 〔青森－改〕

　Basketball (loved / by / is / many people).

❷ この本は日本語で書かれています。 〔沖縄－改〕

　This book (written / in / is / Japanese).

❸ その物は窓を掃除するために使われます。 〔千葉－改〕

　That (is / for / used / cleaning / thing) the windows.

❹ 「ハリー・ポッター」は世界中で多くの人々に読まれています。 〔沖縄〕

　"Harry Potter" (by / people / read / many / is) all over the world.

❺ 何人の人々がそのパーティーに招待されたのですか。

　How many (to / invited / the party / people / were)?

❻ 私のバッグは古いジーンズでできています。 〔秋田－改〕

　My bag (made / jeans / of / is / old).

① の 解 答 ・ 解 説

❶ **ウ** 「その映画は昨年，北山さんによって作られました。」
〈be 動詞＋過去分詞〉＝「～される」 make-made-made

❷ **イ** 「この城は約 400 年前に建てられたのですか。」
受動態の疑問文＝〈be 動詞＋主語＋過去分詞～ ?〉 build-built-built

❸ **エ** 「オーストラリアでは多くの言語が話されています。」
speak-spoke-spoken

❹ **ウ** 「彼はその知らせに驚きました。」
be surprised at ～＝「～に驚く」

❺ **エ** 「富士山は晴れた日には私の市から見られます。」
〈can be＋過去分詞〉 助動詞をふくむ受動態の文。

② の 解 答 ・ 解 説

❶ **is loved by many people**
「～される」＝〈be 動詞＋過去分詞〉 「～によって」＝by ～

❷ **is written in Japanese**
「～語で」は〈in＋言語〉で表す。write-wrote-written

❸ **thing is used for cleaning**
for「～ために」は前置詞なので，あとに動名詞が続いている。

❹ **is read by many people** 動詞 read は過去形，過去分詞が原形と同じ
形。発音がちがうので注意。read [riːd]-read [red]-read [red]

❺ **people were invited to the party** How many people「何人の人々」
が主語。invite ＝「～を招待する」

❻ **is made of old jeans**
be made of ～＝「～でできている」

10. 現在完了・現在完了進行形

1 次の文の( )に適するものを選び、記号で答えなさい。

❶ Two weeks ( ) since our new class started.　　　　　〔宮城〕
　ア pass　イ are passing　ウ are passed　エ have passed

❷ A: Jeff, do you want to study together in the library?　　〔岩手〕
　B: OK.　But I haven't ( ) lunch yet.
　ア have　イ having　ウ had　エ to have

❸ My brother ( ) in Korea for a week.　　　　　〔秋田〕
　ア has been　イ will come　ウ went　エ leaves

❹ Jane has lived in London ( ) last March.
　ア from　イ since　ウ for　エ while

❺ A: Richard, have you finished your homework ( )?　　〔沖縄〕
　B: Yes, I have.　Can I watch TV now?
　ア never　イ ever　ウ just　エ yet

❻ A: Have you ever read this comic book?
　B: Yes, I have.　I've read it ( ).
　ア much time　イ at that time　ウ long time　エ many times

2 日本文に合うように、( )内の語(句)を並べかえなさい。

❶ 彼はどれくらい日本に住んでいますか。　　　　　〔大分－改〕
　(long / has / he / lived / how) in Japan?

❷ 私は一度も京都に行ったことがありません。　　　〔宮崎－改〕
　(never / have / to / I / been) Kyoto.

❸ 彼は帰宅してからずっと眠っています。
　He (sleeping / has / since / been) he came home.

❹ その電車はちょうど駅を出発したところです。
　(has / left / the station / just / the train).

①の解答・解説

❶ **エ** 「私たちの新しいクラスが始まって2週間が経ちます。」

継続を表す現在完了の文。since ～=「～して以来」

❷ **ウ** 「私はまだ昼食を食べていません。」

完了を表す現在完了の否定文。haven't は have not の短縮形。

yet =「(否定文で)まだ」

❸ **ア** 「私の兄〔弟〕は1週間，韓国にいます。」 継続を表す現在完了の文。

been は be 動詞の過去分詞。〈for +期間〉=「～の間」

❹ **イ** 「ジェーンは3月からロンドンに住んでいます。」

継続を表す現在完了の文。〈since +過去のある時点〉=「～以来」

❺ **エ** 「リチャード，宿題はもう終わりましたか。」

完了を表す現在完了の疑問文。yet =「(疑問文で)もう」 yet は文の最後に置く。

❻ **エ** 「私はそれを何度も読んだことがあります。」

経験を表す現在完了の文。 many times =「何度も」

②の解答・解説

❶ **How long has he lived** 継続を表す現在完了の文。「どのくらいの間～していますか」=〈How long have〔has〕+主語+過去分詞～ ?〉

❷ **I have never been to** 経験を表す現在完了の文。「～へ行ったことがある」=have been to ～ never は not より強い否定を表す。

❸ **has been sleeping since** 現在完了進行形〈have〔has〕been + ～ing〉。been は be の過去分詞形。

❹ **The train has just left the station** 完了を表す現在完了の文。just 「ちょうど」はふつう have〔has〕の後ろに置く。

11. 関係代名詞

part2 実戦編

1 次の文の（　）に適するものを選び、記号で答えなさい。

❶ I remember the nurse (　　　) took care of me at the hospital.
　ア when　イ who　ウ why　エ which　〔栃木〕

❷ My family has three cats. This is the cat (　　　) was born last week.
　ア which　イ it　ウ whose　エ and　〔沖縄〕

❸ The woman (　　　) playing the piano in the music room is my teacher.
　ア who　イ which　ウ who is　エ which is

❹ This is the library (　　　) I often go to.
　ア that　イ what　ウ that is　エ what is

2 対話文が成立するように、（　）内の語（句）を並べかえなさい。

❶ A: I (mother / bought / like / the watch / my) for me last year.
　B: It looks very nice.　〔秋田〕

❷ A: Is that (about / the woman / were / talking / you)?
　B: Yes, she is.

❸ A: Look at the boy and the dog (there / running / over / that / are).
　B: I know them.

❹ A: Where did you buy this guitar?
　B: I didn't buy it. My father gave me (which / used / the guitar / when / he) he was a student.

part
1
S V O C
文法編

1〜5
6〜12
13〜21
22〜30
31〜36
37〜44

part
2
実戦編

1〜3
4〜14
15〜17
18〜19

① の解答・解説

❶ イ 「私は病院で私の世話をしてくれた看護師を覚えています。」 主格の関係代名詞。先行詞 nurse は「人」なので who を使う。

❷ ア 「これは先週生まれたネコです。」 主格の関係代名詞。先行詞 cat は「動物」なので which を使う。

❸ ウ 「音楽室でピアノをひいている女性は私の先生です。」 主格の関係代名詞。先行詞 woman は人なので who を使う。who 以下は「〜している」という意味の現在進行形なので be 動詞が必要。

❹ ア 「これは私がよく行く図書館です。」目的格の関係代名詞。あとには〈主格＋動詞〉が続く。

② の解答・解説

❶ like the watch my mother bought 「私は母が昨年私に買ってくれた時計を気に入っています。」 watch のあとに目的格の関係代名詞 which〔that〕が省略されている。

❷ the woman you were talking about 「あちらはあなたが話していた女性ですか。」woman のあとに目的格の関係代名詞が省略されている形。〈talking about 〜〉で1つのかたまりなので，バラバラにしないように注意。

❸ that are running over there 「向こうを走っている男の子とイヌを見て。」主格の関係代名詞。先行詞が〈もの（動物）＋人〉の場合には that が使われることが多い。over there「向こうで」

❹ the guitar which he used when 「私の父は彼が学生のときに使っていたギターを私にくれました。」SVOO の文で，2つ目の O（the guitar）を目的格の関係代名詞節が後ろから詳しく説明している。

12. 分 詞

1 次の文の( )に適するものを選び, 記号で答えなさい。

❶ The dog ( ) with him is cute.

　ア is playing　イ playing　ウ is played　エ played

❷ I took pictures of a girl ( ) a book on the bench.

　ア reading　イ reads　ウ who reading　エ that read

❸ I have been to a shrine ( ) hundreds years ago.

　ア built　イ build　ウ building　エ which built

❹ There will be a new shopping mall ( ) Green Mall in our city.　*shopping mall ショッピングセンター

　ア call　イ calls　ウ called　エ calling

2 対話文が成立するように, ( )内の語(句)を並べかえなさい。

❶ *A:* Do you have (in / friends / a foreign county / any / living)?

　B: Yes. I have a friend in Hawaii.

❷ *A:* (in / the / is / sleeping / baby) this bed Mary's?

　B: Yes, she is.

❸ *A:* Are you going to visit China next year?

　B: Yes. So I have to study Chinese from this month. Do you (written / any / know / books) in easy Chinese?

❹ *A:* How was your walk around here?

　B: It was nice. The (snow / was / covered / garden / with) beautiful.

❶ の解答・解説

❶ イ 「彼と遊んでいるイヌはかわいいです。」〈名詞＋現在分詞＋語句〉＝「〜している…」

❷ ア 「私はベンチで本を読んでいる女の子の写真を撮りました。」〈名詞＋現在分詞＋語句〉＝「〜している…」

❸ ア 「私は何百年も前に建てられた神社に行ったことがあります。」〈名詞＋過去分詞＋語句〉＝「〜された…」

❹ ウ 「私たちの市にグリーンモールと呼ばれるショッピングセンターができます。」〈名詞＋過去分詞＋語句〉＝「〜された…」

❷ の解答・解説

❶ any friends living in a foreign country 「あなたは**外国に住んでいる友だち**がいますか。」〈名詞＋現在分詞＋語句〉の文。any は疑問文で「いくらかの」という意味。

❷ Is the baby sleeping in 「**このベッドで寝ている赤ちゃん**はメアリーのですか。」〈名詞＋現在分詞＋語句〉の文。the baby sleeping in this bed が主語。

❸ know any books written 「簡単な中国語で書かれた本を知っていますか。」〈名詞＋過去分詞＋語句〉の文。written in easy Chinese が any books を修飾している。

❹ garden covered with snow was 「**雪でおおわれた庭**が美しかったです。」〈名詞＋過去分詞＋語句〉の文。

13. 間接疑問・接続詞・否定語

1 日本文の意味になるように，（　）内の語を並べかえなさい。

❶ もし私たちの町に来たら，私たちを訪ねてください。　　　　〔北海道〕

Please visit (you / us / if) come to our town.

❷ 彼女がいつ来る予定か覚えていますか。　　　　　　　　　〔愛媛－改〕

Do you remember (she / come / when / will)?

❸ 私が何を意味しているかわかりますか。　　　　　　　　　〔岐阜－改〕

Do (what / understand / you / mean / I)?

❹ 私は今，1本も鉛筆を持っていません。　　　　　　　　　　〔沖縄〕

I (have / do / any / not) pencils now.

❺ 彼女の母親はプレゼントについて何も知りませんでした。　　〔宮城－改〕

Her mother (nothing / present / knew / the / about).

❻ 一生懸命練習しなさい，そうすれば試合に勝つでしょう。

(hard / and / will / win / you / practice / ,) the game.

2 次の文の（　）に適するものを選び，記号で答えなさい。

❶ I don't know (　　　) the hall is.　　　　　　　　　〔鹿児島－改〕

ア how　イ when　ウ that　エ where

❷ They did many things together, (　　　) they became good
friends.　　　　　　　　　　　　　　　　　　　　　　〔千葉〕

ア so　イ but　ウ or　エ though

❸ Ryo tried to use a computer, (　　　) his father was using it.　So
he started reading a book.　　　　　　　　　　　　　　〔秋田〕

ア but　イ if　ウ because　エ or

❹ When (　　　) home, please give him my message.　　〔栃木〕

ア Ken will come　　イ Ken comes

ウ Ken was coming　エ Ken came

part
1
(S,c/V,o)
文法編

1〜5

6〜12

13〜21

22〜30

31〜36

37〜44

part
2

実戦編

1〜3

4〜14

15〜17

18〜19

① の解答・解説

① us if you
〈if ＋主語＋動詞〜〉で「もし〜なら」という条件を表す。

② when she will come　間接疑問文。疑問詞のあとは〈主語＋動詞〜〉の語順になる。〈when ＋主語＋動詞〜〉＝「…がいつ〜するか」

③ you understand what I mean　間接疑問文。〈what ＋主語＋動詞〜〉＝「…が何を〜するか」

④ do not have any
〈not 〜 any ＋名詞〉＝「1つも〔少しも〕〜ない」＝〈no＋名詞〉

⑤ knew nothing about the present
nothing ＝「何も〜ない」

⑥ Practice hard, and you will win
〈命令文, ＋and ...〉＝「〜しなさい，そうすれば…」

② の解答・解説

① エ　「私はホールがどこにあるか知りません。」間接疑問文。
〈where ＋主語＋ be 動詞〉＝「…がどこにあるか」

② ア　「彼らはいっしょにたくさんのことをしました。**だから**彼らはよい友達になりました。」 so「**だから**」は結果を表す接続詞。

③ ア　「リョウはコンピュータを使おうとしましたが，父親がそれを使っていました。だから彼は本を読み始めました。」 but「**しかし**」は前の文とは対照的な内容を表す接続詞。

④ イ　「ケンが**帰宅したら**，彼に私のメッセージを伝えてください。」 時〔条件〕を表す when〔if〕〜 の文では，未来の内容も**現在形**で表す。

14. 仮定法

月　　日

1 日本文の意味になるように，（　）に適語を入れなさい。

❶ もし彼が親切だったら，私たちはよい友だちになれるでしょう。

If he (　　　) kind, we (　　　) be good friends.

❷ お母さんがより便利な辞書を買ってくれたらなぁ。

I (　　　) my mother (　　　) me a more useful dictionary.

❸ もしチケットを持っていたら，彼女のコンサートに行くでしょう。

If I (　　　) a ticket, I (　　　) go to her concert.

❹ もし彼女が 10 歳以上であれば，このジェットコースターに乗れるでしょう。

She (　　　) ride this roller coaster if she (　　　) older than 10.

❺ あなたはオーストラリア出身だったらなぁと思いますか。

Do you (　　　) you (　　　) from Australia?

2 意味が通るように，（　）内の語（句）を並べかえなさい。

❶ If (a / were / good / I / English speaker), I (you / could / teach / to / English).

❷ I (instead of / did / me / my homework / someone / wish).

❸ (do / what / if / you / money / would / had / you / a lot of)?

❹ He (the ball / pass / could) easily (were / taller / he / if).

❺ If (a hospital / were / in / there) our town, we (have to / go / didn't / to) the big city.

① の解答・解説

❶ **were, could** 仮定法の文で主語のあとに be 動詞が続く場合，主語が何であっても be 動詞は were になる。「〜になれる」とあるので助動詞は could を使う。

❷ **wish, bought** 〈I wish ＋仮定法〉の文。wish のあとには接続詞 that が省略されているので，あとには主語＋動詞が続く。

❸ **had, would** 実際はチケットを持っていないのでコンサートに行かない。「行くでしょう」とあるので助動詞は would を使う。

❹ **could, were** if 〜の部分が文の後半にある形。

❺ **wish, were** 〈wish ＋仮定法〉の疑問文。wish は一般動詞なので，疑問文にするには Do を文の最初に置く。

② の解答・解説

❶ **I were a good English speaker, could teach English to you** 「もし私がよい英語の話し手だったら，あなたに英語を教えることができるでしょう。」

❷ **wish someone did my homework instead of me** 「だれかが私のかわりに宿題をしてくれればなぁ。」〈I wish ＋仮定法〉の文。that 節の主語は someone。

❸ **What would you do if you had a lot of money** 「もしたくさんのお金を持っていたら，あなたは何をしますか。」疑問詞 what を文の最初に置いて，具体的な内容を問う疑問文にする。

❹ **could pass the ball, if he were taller** 「もしもっと背が高かったら，彼は容易にボールをパスすることができるでしょう。」if 〜の部分が文の後半にある形。

❺ **there were a hospital in, didn't have to go to** 「もし私たちの町に病院があったら，私たちは大きな都市に行く必要はないでしょう。」〈There is〔are〕 〜 .〉が仮定法になった文。

15. イディオム ①

1 日本文の意味になるように、( )に適語を入れなさい。

❶ 私はずっと彼女の歌を聞くことに興味がありました。

I have been ( ) ( ) listening to her song.

❷ 私の宿題を手伝ってくれますか。

Could you ( ) me ( ) my homework?

❸ この店はコーヒーで有名です。

This shop is ( ) ( ) its coffee.

❹ 私たちは 10 年間お互いにずっと知り合いです。

We've known ( ) ( ) for ten years.

❺ 私はあなたの夢が実現することを望んでいます。

I hope your dream will ( ) ( ).

❻ 夕飯を食べにいっしょに出かけませんか。

Why ( ) ( ) go out for dinner?

❼ あなたはそのことについて心配しなくてもいいです。

You ( ) have ( ) worry about that.

❽ 彼らは同時に歩き始めました。

They started walking at the ( ) time.

❾ 私といっしょに来てもらえますか。―はい，もちろん。

Can you come with me?—Yes, ( ) ( ).

❿ 私はしばらくの間学校を休みます。

I will be absent from school for a ( ).

⓫ すみません。お願いがあるのですが。

Excuse me. May I ( ) you a favor?

⓬ 私の母は今日，少し疲れています。

My mother is ( ) ( ) tired today.

1 の解答・解説

❶ **interested in** → be interested in 〜「〜に興味がある」

⊕ 前置詞 in のあとの動詞は動名詞(〜 ing 形)にする。

❷ **help, with** → help 〜 with ...「〜の…を手伝う」

⊕ 〈help 〜 (to) +動詞の原形〉=「〜が…するのを手伝う」

❸ **famous for** → be famous for 〜「〜で有名だ」

⊕ be famous as 〜「〜として有名だ」

❹ **each other** → each other「お互いに」

この場合は know の目的語。each other は主語にはならない。

❺ **come true** → come true「(夢などが)実現する」

true は「ほんとうの,真実の」という意味。

❻ **don't we** → Why don't we 〜?「(いっしょに)〜しませんか」

⊕ 人を誘う表現はほかに,How about 〜 ing?,Let's 〜 .,Shall we 〜 ? などがある。

❼ **don't, to** → don't have to 〜「〜しなくてもよい」

have to 〜「〜しなければならない」の否定形。

❽ **same** → at the same time「同時に」

⊕ same「同じ」⇔ different「ちがう」

❾ **of course** → of course「もちろん」

Yes, I can. と答えるよりも「当然行きます」というニュアンスが強くなる。

❿ **while** → for a while「しばらくの間」

⊕ for a little while「少しの間」

⓫ **ask** → May I ask you a favor?「お願いがあるのですが。」

= May I ask a favor of you?

⓬ **a little** → a little「少し」

この a little は形容詞 tired「疲れた」を修飾している。

part2
実戦編

16. イディオム ②

月　　　日

1 日本文の意味になるように，(　　)に適語を入れなさい。

❶ 彼女はイヌを怖がっています。

She (　　　) afraid (　　　) dogs.

❷ 当時，彼はその市でいちばんのテニス選手でした。

In (　　　) days, he was the best tennis player in the city.

❸ その部屋は図書室とコンピュータ室の間にあります。

The room is (　　　) the library and the computer room.

❹ あの家はお城のように見えます。

That house (　　　) (　　　) a castle.

❺ 手紙をありがとう。

Thank you (　　　) your letter.

❻ 昨年，父は私を初めて富士山へ連れて行ってくれました。

Last year, my father took me to Mt. Fuji (　　　) the first (　　　).

❼ 東京に向けて何時に秋田を出発するつもりですか。

What time will you (　　　) Akita (　　　) Tokyo?

❽ あなたに妹の世話をしてほしいです。

I want you to (　　　) (　　　) (　　　) your sister.

❾ 私たちの文化は彼らの文化とは異なります。

Our culture is (　　　) (　　　) theirs.

❿ 私たちはもう少し選手をさがしていました。

We were (　　　) (　　　) some more players.

⓫ 彼はその山を登ることができるでしょう。

He will (　　　) (　　　) to climb the mountain.

⓬ 彼女は1枚の紙で美しい花を作ることができます。

She can make a beautiful flower with a (　　　) (　　　) paper.

136 | part2 | 実戦編

part 1 (S v O) 文法編

1~5
6~12
13~21
22~30
31~36
37~44

1 の解答・解説

1 is, of → be afraid of ～「～をこわがる，恐れる」
of のあとに動詞が続くときは，動名詞(～ ing 形)にする。

2 those → in those days「当時」
注 days と複数形になるので注意。

3 between → between A and B「A と B の間に」
参 between は 2 つのものの間にあるときに使う。3 つ以上のものの間
にあるときは among を使う。

4 looks like → look like ～「～のように見える」
参 like のあとには名詞が続く。

5 for → Thank you for ～.「～をありがとう」
for のあとに動詞が続くときは，動名詞(～ ing 形)にする。

6 for, time → for the first time「初めて」

7 leave, for → leave ～ for ...「…に向かって～を出発する」
leave ～だけで使うこともできるが，目的地についても述べるときは
for のあとに目的地を続ける。

8 take care of → take care of ～「～の世話をする」
参 Take care. =「気をつけて，お大事に」

9 different from → be different from ～「～と異なる」
この場合の theirs は their culture という意味。

10 looking for → look for ～「～をさがす」
過去進行形〈was〔were〕＋動詞の～ ing 形〉の文。

11 be able → be able to ～「～できる」
注 can「～できる」は will のあとに置くことはできない。

12 piece of → a piece of ～「1 枚の～，1 切れの～」
「3 枚の紙」は three pieces of paper となる。
参 a piece of ～を使って表すものには，cake「ケーキ」や bread「パ
ン」などがある。

part2 実戦編

17. イディオム ③

① 日本文の意味になるように，(　　)に適語を入れなさい。

① 彼女は，「はい，それはここから遠くありません」と言いました。

She said, "Yes, it's not (　　　　) from here."

② 彼は今日の試合で全力をつくしました。

He did his (　　　　) in the game today.

③ 私は図書館へ行く途中でジェーンに会いました。

I met Jane (　　　) my (　　　　) to the library.

④ オーストラリアは多くの種類の動物で有名です。

Australia is famous for many (　　　) (　　　) animals.

⑤ この曲を知っていますか。―すみません。まったく知りません。

Do you know this song?—Sorry. I don't know it(　　　) (　　　).

⑥ ところで，あなたの弟は今，何をしていますか。

(　　　) the (　　　), what is your brother doing now?

⑦ 私の母は今朝早く起きました。

My mother (　　　) (　　　) early this morning.

⑧ 世界中の人と友だちになりたいです。

I want to make friends with people from (　　　) (　　　) the world.

⑨ 私は学校でも家でもテニスの練習をしました。

I practiced tennis (　　　) at school and at home.

⑩ 作家になることは簡単ではないが，私は夢をあきらめません。

It's not easy to be a writer, but I will not (　　　) (　　　) my dream.

⑪ 5,000 人より多くの人々が，祭りに参加するためにここに来ました。

(　　　) (　　　) 5,000 people came here to join the festival.

⑫ 私の家は図書館の正面にあります。

My house is (　　　) (　　　) (　　　) the library.

part
1
(S)(V)(C)
文法編
1〜5
6〜12
13〜21
22〜30
31〜36
37〜44
part
2
実戦編
1〜3
4〜14
15〜17
18〜19

① の解答・解説

❶ **far** → far from 〜「**〜から遠くに**」
この表現は疑問文や否定文で使うことが多い。

❷ **best** → do one's best「**全力をつくす, 最善をつくす**」
one's best は「最もよい状態」を表す。

❸ **on, way** → on one's〔the〕way to 〜「**〜へ行く途中で**」
to のあとは向かっている場所が続く。

❹ **kinds of** →この kind は「種類」という意味。
🈓 What kind of 〜?「どんな種類の〜」

❺ **at all** → not 〜 at all「**まったく〜ない**」強い否定を表す。
not は be 動詞のあとや一般動詞の前に置き, at all は文末に置く。

❻ **By, way** → by the way「**ところで**」
話題を変えるときに用いる。

❼ **got up** → get up「**起きる**」
🈓 wake up「目を覚ます」とちがい, ベッドや寝床から起き上がることをさす。

❽ **all over** → all over 〜「**〜じゅうに**」
「世界中」という表現はほかに around the world などがある。

❾ **both** → both A and B「**A も B も両方とも**」
A と B には文法的に対等なもの(語と語, 句と句, 節と節など)が入る。この場合は at 〜という句が入っている。

❿ **give up** → give up 〜「**〜をあきらめる**」
up のあとに動詞がくる場合は, 動名詞(動詞の〜 ing 形)にする。

⓫ **More than** → more than 〜「**〜より多くの**」
than のあとには名詞が続く。

⓬ **in front of** → in front of 〜「**〜の正面に**」
front は「正面」の意味。

18. 語形変化 ①

名詞の複数形

	単数形	複数形
❶ 大部分の語 ▶ -s をつける	boy（少年）	boy**s**
	desk（机）	desk**s**
	month（月）	month**s**
	book（本）	book**s**
❷ -s, -x, -ch, -sh で終わる語 ▶ -es をつける	bus（バス）	bus**es**
	class（授業，クラス）	class**es**
	watch（腕時計）	watch**es**
	dish（皿）	dish**es**
	box（箱）	box**es**
❸ 〈子音字＋ y〉で終わる語 ▶ y を i にかえて -es をつける	country（国）	countr**ies**
	city（市，都市）	cit**ies**
	baby（赤ん坊）	bab**ies**
	family（家族）	famil**ies**
	dictionary（辞書）	dictionar**ies**
❹ -f, -fe で終わる語 ▶ f や fe を v にかえて -es をつける	life（生活）	li**ves**
	leaf（葉）	lea**ves**
	knife（ナイフ）	kni**ves**
	wife（妻）	wi**ves**
❺ 不規則に変化する語	man（男性）	**men**
	woman（女性）	**women**
	foot（足）	**feet**
	child（子供）	**children**
	tooth（歯）	**teeth**
❻ 単数形と複数形が同じ形の語	fish（魚）	**fish**
	Japanese（日本人）	**Japanese**
	deer（シカ）	**deer**

形容詞・副詞の比較級・最上級

	原級	比較級	最上級
❶ 大部分の語 ▶ -er, -est を 　つける	tall（背の高い）	tall**er**	tall**est**
	high（高い）	high**er**	high**est**
	fast（速い）	fast**er**	fast**est**
	long（長い）	long**er**	long**est**
❷ 語尾が -e で 終わる語 ▶ -r, -st をつける	large（大きい）	large**r**	large**st**
	nice（すてきな）	nice**r**	nice**st**
	cute（かわいい）	cute**r**	cute**st**
❸〈子音字+ y〉で 終わる語 ▶ y を i にかえて 　-er, -est をつける	happy（幸せな）	happ**ier**	happ**iest**
	early（早く）	earl**ier**	earl**iest**
	busy（忙しい）	bus**ier**	bus**iest**
	easy（簡単な）	eas**ier**	eas**iest**
❹〈短母音+子音字〉で 終わる語 ▶ 子音字を重ねて 　-er, -est をつける	big（大きい）	big**ger**	big**gest**
	hot（熱い，暑い）	hot**ter**	hot**test**
❺ more, most を つける語	famous（有名な）	**more** famous	**most** famous
	useful（役に立つ）	**more** useful	**most** useful
	important（重要な）	**more** important	**most** important
	beautiful（美しい）	**more** beautiful	**most** beautiful
	careful（注意深い）	**more** careful	**most** careful
	slowly（ゆっくりと）	**more** slowly	**most** slowly
❻ 不規則に変化 する語	good（よい） well（よく）	**better**	**best**
	bad（悪い）	**worse**	**worst**
	little（小さい, 少しの）	**less**	**least**
	much（多くの） many（多くの）	**more**	**most**

19. 語形変化 ②

3人称・単数・現在形

❶ 大部分の語 ▶ -s をつける

eat（食べる）	eat**s**	live（住む）	live**s**	like（好む）	like**s**
listen（聞く）	listen**s**	look（見る）	look**s**	make（作る）	make**s**

❷ -o, -s, -x, -ch, -sh で終わる語 ▶ -es をつける

finish（終える）	finish**es**	go（行く）	go**es**	pass（過ぎる）	pass**es**
teach（教える）	teach**es**	push（押す）	push**es**	relax（くつろがせる）	relax**es**

❸ 〈子音字＋ y〉で終わる語 ▶ y を i にかえて -es をつける

carry（運ぶ）	carr**ies**	cry（泣く）	cr**ies**	hurry（急ぐ）	hurr**ies**
study（勉強する）	stud**ies**	try（試す）	tr**ies**	worry（心配する）	worr**ies**

※ have は不規則に変化し，has となるので注意。

動詞の〜ing 形

❶ 大部分の語 ▶ -ing をつける

watch（見る）	watch**ing**	clean（掃除する）	clean**ing**	work（働く）	work**ing**
buy（買う）	buy**ing**	help（手伝う）	help**ing**	learn（学ぶ）	learn**ing**

❷ -e で終わる語 ▶ -e をとって -ing をつける

take（持っていく）	tak**ing**	close（閉じる）	clos**ing**	come（来る）	com**ing**
make（作る）	mak**ing**	give（与える）	giv**ing**	use（使う）	us**ing**

❸ 〈短母音＋子音字〉で終わる語 ▶ 子音字を重ねて -ing をつける

cut（切る）	cut**ting**	get（得る）	get**ting**	sit（座る）	sit**ting**
stop（止まる）	stop**ping**	swim（泳ぐ）	swim**ming**	run（走る）	run**ning**

❹ -ie で終わる語 ▶ ie を y にかえて -ing をつける

die（死ぬ）	d**ying**
lie（横たわる）	l**ying**

過去形・過去分詞
〈規則動詞〉

	原形	過去形	過去分詞
❶ 大部分の語	call（呼ぶ）	call**ed**	call**ed**
▶ -ed をつける	start（始まる）	start**ed**	start**ed**
❷ -e で終わる語	live（住む）	live**d**	live**d**
▶ -d をつける	practice（練習する）	practice**d**	practice**d**
❸〈子音字＋y〉で終わる語	cry（泣く）	cr**ied**	cr**ied**
▶ y を i にかえて -ed をつける	study（勉強する）	stud**ied**	stud**ied**
❹〈短母音＋子音字〉で終わる語	plan（計画する）	plan**ned**	plan**ned**
▶ 子音字を重ねて -ed をつける	stop（止まる）	stop**ped**	stop**ped**

〈不規則動詞〉

	原形	過去形	過去分詞
❶ A-B-B- 型 過去形と過去分詞が同じ	buy（買う）	**bought**	**bought**
	build（建てる）	**built**	**built**
	feel（感じる）	**felt**	**felt**
	tell（話す）	**told**	**told**
❷ A-B-C- 型 過去形と過去分詞が異なる	speak（話す）	**spoke**	**spoken**
	give（与える）	**gave**	**given**
	know（知っている）	**knew**	**known**
	see（見る）	**saw**	**seen**
	write（書く）	**wrote**	**written**
❸ A-B-A- 型 原形と過去分詞が同じ	become（〜になる）	**became**	**become**
	come（来る）	**came**	**come**
	run（走る）	**ran**	**run**
❹ A-A-A- 型 過去形と過去分詞が原形と同じ	hit（打つ）	**hit**	**hit**
	put（置く）	**put**	**put**
	read [ríːd]（読む）	**read** [red]	**read** [red]

装丁デザイン　ブックデザイン研究所
本文デザイン　京田クリエーション

本書に関する最新情報は, 小社ホームページにある**本書の「サポート情報」**を
ご覧ください。(開設していない場合もございます。)
なお, この本の内容についての責任は小社にあり, 内容に関するご質問は直接
小社におよせください。

高校入試 まとめ上手 英語

編著者	中学教育研究会	発行所	**受験研究社**
発行者	岡本明剛	©株式会社	**増進堂・受験研究社**

〒550-0013　大阪市西区新町2―19―15

注文・不良品などについて：(06)6532-1581(代表)／本の内容について：(06)6532-1586(編集)

Printed in Japan　　岩岡印刷・高廣製本
落丁・乱丁本はお取り替えします。